Cáncer de mama: no de alma

Colección
DESARTICULACIONES
Homenaje a Silvia Molloy

BREAK UP
Collection
Homage to Silvia Molloy

Marta Eugenia Santamaría Marín

CÁNCER DE MAMA: NO DE ALMA

Nueva York Poetry Press

Nueva York Poetry Press®

Nueva York Poetry Press LLC
128 Madison Avenue, Oficina 2NR
New York, NY 10016, USA
Teléfono: +1(929)354-7778
nuevayork.poetrypress@gmail.com
www.nuevayorkpoetrypress.com

Cáncer de mama: no de alma
© 2023, Marta Eugenia Santamaría Marín

ISBN-13: 978-1-958001-56-1

© Break up Collection
Colección Desarticulaciones vol. 1
Non Fiction- Otros discursos
(Homenaje a Sylvia Molloy)

© Publisher:
Marisa Russo

© Editor:
Carmen Nozal

© Prólogo:
Gerardo Castorena Rojí

© Layout Designer:
Francisco Trejo

© Cover Designer:
William Velásquez Vásquez

© Interior Photographs:
Author's personal archive

© Cover Photographer:
Héctor Gutiérrez

Santamaría Marín, Marta Eugenia
Cáncer de mama: no de alma / Marta Eugenia Santamaría Marín; 1ª ed. New York:
Nueva York Poetry Press, 2023. 344 pp. 13.97 X 21.59.

1. Biography   2. Costa Rican Literature   3. Latin American Literature

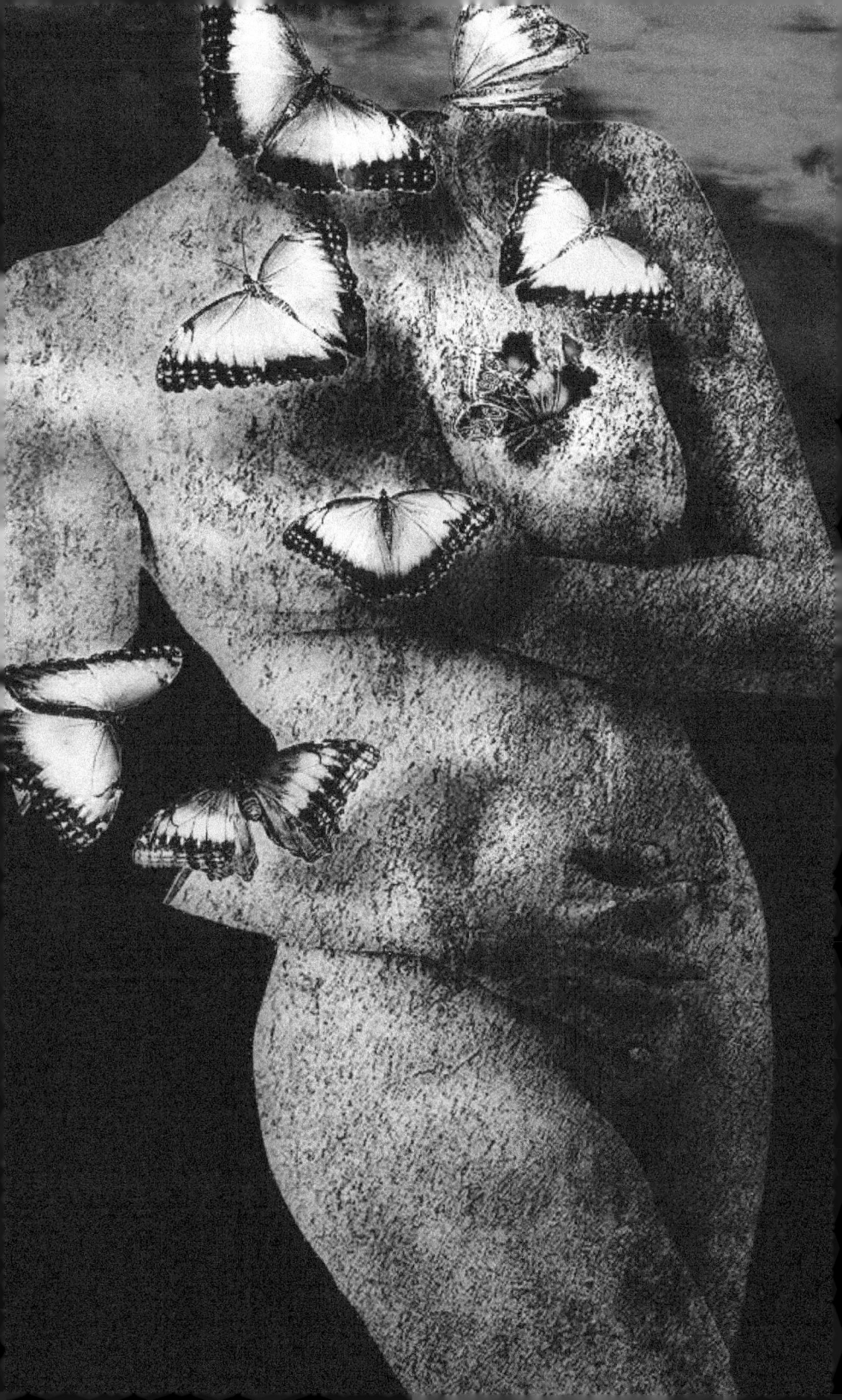

Al marinero de la noche por descubrir
a la Mujer al otro lado el espejo.

VUELO SUPREMO

Quiero vivir la vida aventurera
de los errantes pájaros marinos;
no tener, para ir a otra ribera,
la prosaica visión de los caminos.

Poder volar cuando la tarde muera
entre fugaces lampos ambarinos
y oponer a los raudos torbellinos
el ala fuerte y la mirada fiera.

Huir de todo lo que sea humano;
embriagarme de azul... Ser soberano
de dos inmensidades: mar y cielo,

y cuando sienta el corazón cansado
morir sobre un peñón abandonado
con las alas abiertas para el vuelo.

JULIÁN MARCHENA

PRÓLOGO

Conocer a Marta Santamaría es un acontecimiento, de esos que se dan muy pocas veces en la vida. Con una sonrisa en la boca, a pesar de que las circunstancias adversas la envuelvan por completo, siempre tiene algo bueno que decir. Es de esas personas con las que quieres estar porque te levantan el entusiasmo y te hacen sentir bien. A lo largo de nuestra ya larga relación Médico-Paciente, nos convertimos en grandes amigos, y puedo decir, en hermanos. Junto con Héctor, su esposo, y durante casi trece años nos hemos acompañado en las buenas y en las no tan buenas. Hemos reído y llorado juntos y, ha sido un viaje, cómo decirlo, ¡espectacular! Cuando me pidió que escribiera estas líneas, me sentí muy honrado, pero a la vez muy comprometido a entregar algo que reflejara objetivamente su intención de llevar este relato hasta ti, sin restar importancia a la persona maravillosa que lo escribió.

CÁNCER: La carga emocional de esta palabra tiene mucha energía. Es intimidante de inicio, asociada de manera frecuente (y equivocada) a muerte y a una serie de connotaciones negativas. La enfermedad de moda, de la que estamos oyendo de forma cotidiana historias muy variadas, casi todas con un toque de terror. Está llamando a la puerta de muchas personas cercanas y queridas. Parece estar cada vez más cerca de nosotros. No parece tener ningún tipo de respeto o consideración. Escucharla te pone inmediatamente en alerta máxima, pero saber que la padeces te coloca en una nueva y completa dimensión. ¿Es acaso el resultado de la vida que estamos llevando? La respuesta sin duda alguna es afirmativa. No nos detenemos ni un momento a escuchar a nuestro cuerpo expresar sus necesidades físicas y emocionales. Vivimos por vivir, comemos por comer y dormimos por dormir. Hemos cambiado "sentido" por "sensaciones": parece ser más importante satisfacer nuestros deseos de forma inmediata que dar sentido a nuestras vidas.

Los tratamientos son largos, difíciles y conllevan una alta exigencia física, emocional, mental y espiritual. Hay momentos duros de confrontación con uno mismo, momentos de alegría, momentos de tristeza y enojo, momentos de paz e introspección y también, momentos de gozo. ¡Y todos ellos pueden llegar el mismo día! La serenidad, madurez y fortaleza que esto requiere no es cualquier cosa.

Además, la información estigmatizada que recibimos puede ser devastadora. Eso sin contar los consejos cariñosos que nuestra familia, amigos y conocidos siempre tienen a la mano, y que pueden ser muy perjudiciales:

- ¡Échale ganas!
- ¡Sé fuerte!
- ¡Eres una guerrera!
- ¡Agradece que estás viva!

Y otros muchos que no mencionaré.

Llega un momento en el que no sabemos ya ¡ni qué creer!

Esta enfermedad entra sin preguntar. Revuelve y remueve lo más profundo de tu ser, de tus creencias, de tus expectativas y de tu realidad. Y con las herramientas que tengas, lo tienes que vivir, así nada más. Quizá sea el ejemplo más claro de la tan trillada frase: "un paso a la vez".

Llevo más de veinte años dedicando mi vida al ejercicio de la oncología quirúrgica y te puedo decir que he visto, oído y vivido de todo. Y haciendo un análisis consciente de todo lo que implica el Cáncer, puedo decirte que hoy creo firmemente de que se trata de un evento más filosófico que físico. Es un alto en el camino para replantear de forma urgente las prioridades en tu vida. Es una condición que requiere la limpieza profunda de tu cuerpo, pero sobre todo de tu alma; un cambio radical, en tu forma de pensar y de vivir. ¡Y Marta lo logró con excelencia!

Bastan tan solo unos minutos con ella para darte cuenta del crecimiento personal, emocional y personal que ha tenido desde el momento de su diagnóstico hasta ahora. Los frutos se ven reflejados en su persona, pero también en su trabajo y en todas las relaciones que establece.

Escribir un libro no es tarea fácil. Plasmar en papel las ideas y palabras, intentando darle sentido al conjunto de pensamientos y emociones que las acompañan, es una labor muy compleja. Y Marta lo hizo con una sencillez casi perfecta. Nos lleva de la mano, caminando con ella a través de lo que quizá represente la experiencia más difícil y a la vez enriquecedora de su vida.

Estas páginas que hoy tienes en las manos son un viaje maravilloso y conmovedor a través de las emociones humanas. Te llevarán a lugares de introspección y aprendizaje casi sin darte cuenta. Te enseñarán algo que, a lo mejor, nunca pensaste aprender. Pero, sobre todo, te darán la certeza de que el amor es el motor fundamental de nuestro ser, y que por alguna razón, no siempre lo dejamos salir libremente.

Este libro es para disfrutar sin prisas y quizá para releer varias veces, porque siempre encontrarás algo nuevo; un aprendizaje que, sin estar enferma, te hará sentido y quizá, te permita hacer algo diferente por tu bienestar y el de quienes te rodean. Fluye con él. Es un texto vivo, inquieto y muy deseoso de llevarte a buscar y, con un poco de suerte, a encontrar algo. Disfrútalo.

Viví de primera mano algunos de los pasajes que aquí se describen y, al leerlos, los reviví, en algunas ocasiones desde un lugar diferente. A veces, me sorprendió la visión distinta con la que Marta los vivió y me abrió una ventana increíble a su interior. Y aprendí.

Gracias, Marta, por ser la maravillosa mujer que eres y por permitirme acompañarte en este camino.

GERARDO CASTORENA ROJÍ

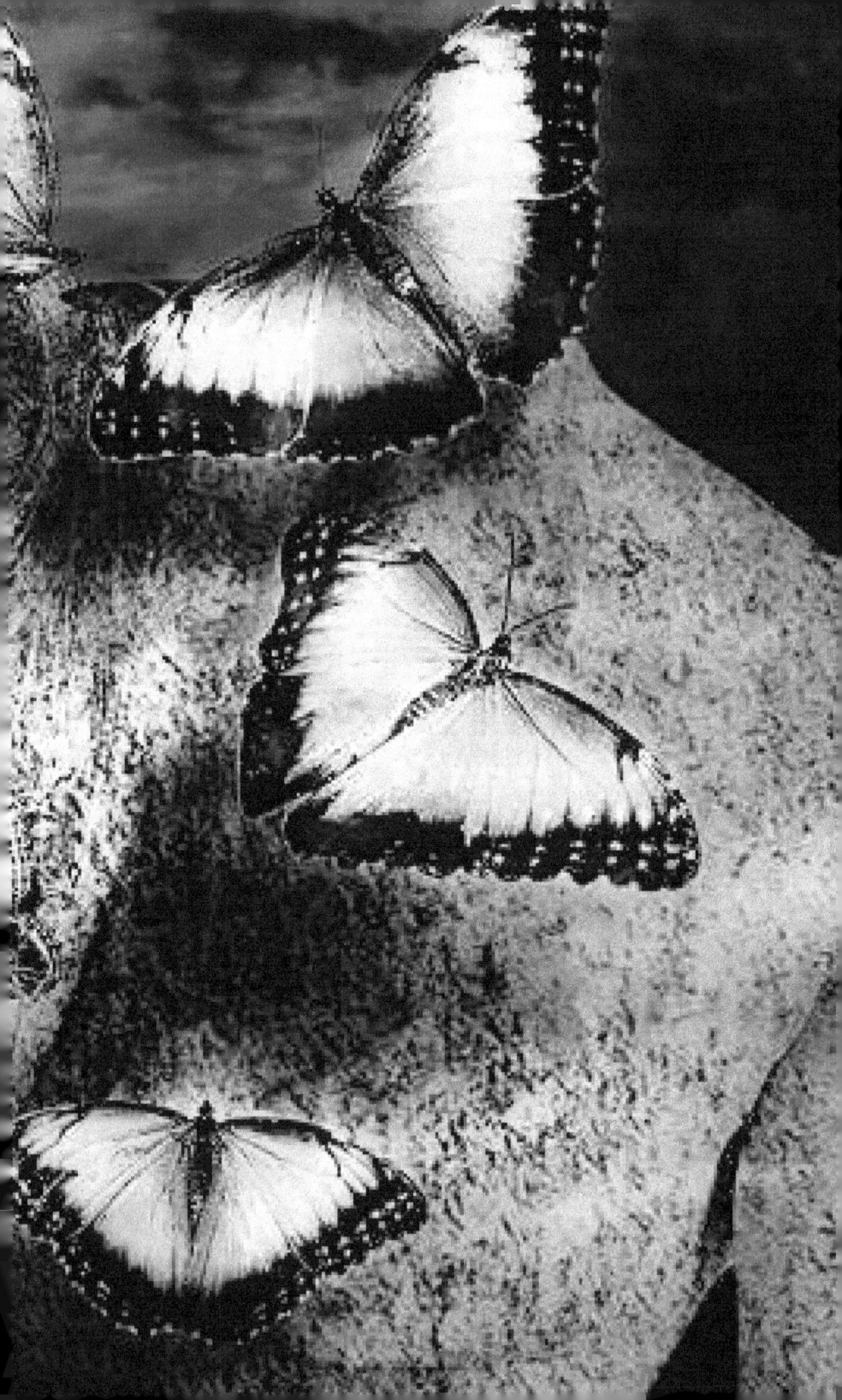

CUANDO MENOS TE LO ESPERAS

Mi lucha contra el cáncer empezó una mañana cualquiera de agosto de 2010. En esa fecha, hasta donde era capaz de ver, había pasado lo peor: mi esposo y yo estábamos entregados a reconstruir nuestras vidas, recuperando lo que perdimos y mejorando, en mucho, lo que ya teníamos. Juntos, cinco años atrás, fuimos los creadores de una exitosa empresa de Consultoría, Informática y Facturación Electrónica en México, con unos socios chilenos y colombianos. Sin embargo, cuando nuestros socios se percataron del crecimiento vertiginoso que conseguimos, decidieron venir a México para despojarnos, ilícitamente, de todo lo que habíamos logrado, tras haber iniciado desde cero, sin capital ni personal.

Ese 19 de enero de 2010 fue el día más triste y desolado para nosotros. De pronto, nos vimos en la calle sólo con lo que teníamos puesto para que no se nos acusara de robo y así fuimos a lamernos las heridas. Tras pensar en lo que haríamos, en lo que vendría y, también, en la forma en que enfrentaríamos el día de mañana, nos dimos cuenta de que el 98 por ciento del total del personal de la empresa había llegado a nuestra casa para conversar y hacer una minuciosa revisión de posibilidades. Incluso, los que estaban en las oficinas fuera del Distrito Federal, se mantuvieron con nosotros vía *Skype* hasta las tres de la madrugada.

A la mañana siguiente, empezamos de nuevo con la certeza de que, si lo habíamos logrado una vez, podíamos hacerlo nuevamente. Mi casa se convirtió en la oficina. Unimos los recursos personales de todos, así como las computadoras, teléfonos y demás herramientas que teníamos, empezando a crear otra vez nuestros servicios y productos. Paulatinamente, recuperamos a nuestros clientes, y año y medio después, continuamos trabajando juntos. Aunque pareciera increíble, habíamos recuperado el

80 por ciento de los clientes más importantes, además de que también teníamos proyectos grandes, medianos y pequeños. Estábamos empezando a prepararnos para ser un PAC (Proveedor Autorizado de Certificación) y para crear una solución de facturación electrónica masiva que nos permitiera gozar de estabilidad financiera en los años venideros.

A pesar de que trabajaba a marchas forzadas, me sentía feliz y realizada, pues también estábamos logrando nuestros objetivos como pareja. A plazos, compramos nuestro carro de ensueño: un Jeep 4 x 4, que nos permitió viajar por el país y disfrutar de la naturaleza que tanto nos gusta. Salíamos a volar en paramotor e, incluso, alquilamos una casita en una de las zonas más hermosas de México, La Condesa. Trajimos a la familia un perro y, tras los días arduos de trabajo, comenzamos a tomarnos un vinito con carnes frías en la azotea para disfrutar la vista del Castillo de Chapultepec y la Torre Mayor.

Allí, preparábamos parrilladas los fines de semana y hacíamos manualidades

Es decir, mi vida era perfecta.

TIEMPOS FELICES

Ahora sé, sin duda alguna, que mi esposo llegó a mi existencia para mostrarme lo bella que es la vida y a enseñarme a disfrutarla. Gracias a él pude sentirla, verla, olerla, saborearla y tocarla. Es mexicano y yo de Costa Rica. Me gusta el verde, el campo, el sol, la lluvia, el agua, la luz, la montaña, la playa, los pájaros, las flores, el color y el olor de la tierra. Padezco de vértigo y volar me aterraba, pero con amor y mucha paciencia mi esposo me enseñó a ver desde las alturas la naturaleza y, poco a poco, le fui perdiendo el miedo a levantar mis pies del piso.

Un fin de semana cualquiera del año 2007, en Malinalco, me encontraba diciéndole a mi cabeza que quería volar, pues mi cuerpo no cooperaba. Sucedió que, en el despegue, me tropecé y caí, aparatosamente, llevándome conmigo a mi esposo, su paramotor, la vela y una que otra piedra. El golpe que más me dolió fue en el muslo, pero el mosquetón izquierdo del arnés me lastimó el seno, por lo que, de inmediato, pensé: "Pucha, se me van a hacer dos moretes horribles". Sin embargo, no le di importancia, porque estoy acostumbrada a ver mi piel morada, tan pronto me golpeo.

Por lo demás, mi vida seguía siendo perfecta. Mi esposo y yo salíamos a comer delicioso con frecuencia, paseábamos por México, fuimos a Europa, decoramos nuestra casa con todo lo que nos gusta. El equipo de trabajo que, en realidad, está compuesto por amigos, estaba laborando estupendamente. En lo que a mí respecta, me encontraba al frente de la dirección de varios proyectos. Habíamos conseguido una oficina preciosa situada en un lugar privilegiado. Gozaba de salud; de hecho, ni gripe me había dado en años. Pude viajar a Costa Rica varias veces a visitar a mis seres queridos, recuperando recuerdos de infancia que no estaban conmigo. ¿Qué más podría pedirle a la vida? En verdad, tenía todo lo que deseaba y me sentía muy conenta y agradecida.

PRIMEROS SÍNTOMAS

Una mañana mientras me alistaba para irme a la oficina, me puse una blusa con un lindo escote y, cuando me estaba lavando los dientes, me di cuenta de que en el seno izquierdo había surgido un levantamiento que no estaba antes. Siempre tuve claro que, justamente, en ese lugar me había golpeado con el mosquetón y pensé que mi organismo había encapsulado el golpe. Sin embargo, me llamó la atención que su apariencia era como si tuviera media bola de tenis debajo de la piel.

De inmediato, tomé la decisión de visitar un ginecólogo para que me mandara una mamografía, porque ya había aprendido que, en México, si uno no tiene una orden médica, resulta imposible realizar exámenes, regla con la que nunca he concordado.

Tiempo atrás, había perdido un bebé por negligencia médica y, como es natural, no quería regresar con esa ginecóloga, así que no sabía a quién acudir. Una amiga me recomendó asistir a una clínica, ubicada cerca de la oficina. Con decisión, saqué cita para hacerme una batería de exámenes que ofrecían como paquete. Entre los exámenes, se incluía una mamografía y un ultrasonido de mama. Como en mi familia no hay historias de cáncer, me sentía muy tranquila. Lo que sí puedo decir es que todos los miembros femeninos de la familia materna teníamos la experiencia de habernos extirpado quistes benignos. Pero eso no me asustaba. Notorio era el cansancio. Me costaba subir escaleras, las caminatas me agotaban y se me olvidaban las cosas. La pérdida de memoria se la aduje al estrés y al exceso de actividades; y el cansancio al sobrepeso que había empezado a acumular desde que llegué a México por el cambio de alimentación.

Diagnóstico

Me entregaron los resultados. Como siempre vienen llenos de tecnicismos, no entendí mucho, pero era obvio que había una lesión de tamaño razonable. Me llamó la atención que utilizaban un término que nunca había oído: BIRAD(S) 4. La ginecóloga me dijo que era recomendable hacer un ultrasonido con un aparato más sensible, lo cual acepté sin problema. Mientras me lo estaban haciendo, la radióloga me dijo que había una lesión seria, grande y que no parecía benigna. Hoy sé que ella no debería haberme dicho nada, pues era un diagnóstico delicado. Me asusté y por primera vez sentí que a lo mejor no se trataba de la pelotita de grasa y calcio que pensaba tener, similar a la que me habían sacado en el año 2001 en Colombia. Cuando me entregaron el resultado, volví a leer BIRAD(S) (Breast Imaging Reporting and

Data System), sólo que ahora había escalado a BIRAD(S) 6, es decir, dos grados más.

Recuerdo que era martes el día que llevé los exámenes a la ginecóloga, quien me "recomendó" sacar una biopsia de la mitad de la lesión para determinar el tipo de tumor, la cual se llevaría a cabo el sábado de esa misma semana, a las 8 de la mañana. De esa visita médica, salí resignada, le comenté a mi esposo lo que había dicho la ginecóloga y continué la semana como siempre, pero llevando en mi corazón el peso de que me iban a hacer una biopsia con anestesia total.

El día antes de la cirugía era viernes 26 de noviembre de 2010. Me acuerdo que tenía una capacitación de las 9 de la mañana a la 1 de la tarde. A partir de las 11 de la mañana, mi esposo empezó a llamarme al celular con insistencia para pedirme que recapacitara acerca de la decisión que había tomado respecto a la biopsia. Me pedía conversar. Me enojé porque justo cuando ya sabía qué hacer, tanto él como toda su familia tenían una opinión que expresar, lo que hacía que no me sintiera respetada ni acompañada en un momento tan difícil como el que estaba atravesando.

Cuando mi esposo está preocupado, nervioso o asustado, se estresa y se enoja. Parece un animalito herido: se pone furioso, se pelea y protesta hasta el cansancio. Cuando finalmente conversamos con calma, aunque medio discutiendo-peleando, me dijo que había estado investigando y que le parecía que lo que iba a hacer al día siguiente era muy delicado y peligroso, que mi vida estaba en juego y que podía ser cáncer. Me comentó que había conseguido los datos de un oncólogo muy experimentado, que había hablado con él varias veces y, aunque no atendía los viernes, porque las mujeres siempre lo plantaban ese día en la tarde, había accedido a conversar con nosotros a las 5:00 de la tarde. Para que me dejara en paz, le dije que sí iba a la cita, pero que supiera que me operaría el sábado porque era mi cuerpo, mi decisión y mi vida.

Preocupado porque no fuera a llegar a la cita, llamó al cliente donde me encontraba, suspendió la capacitación y envió al chofer de la oficina por mí.

A las 5:00 de la tarde fuimos recibidos, puntualmente, por el doctor Gerardo Castorena en el hospital ABC de Santa Fe. Sentado frente a nosotros y tras escuchar toda la historia y observar la mastografía y el ultrasonido, inquirió: "Además de la ginecóloga, ¿sabes quién te va a operar mañana?" "Sí", le contesté. "La ginecóloga con ayuda de un oncólogo". "¿Y sabes cómo se llama el oncólogo?", me preguntó. "No, no sé", contesté muy firme y seca. "Es decir, ¿mañana vas a poner tu vida en manos de una persona que no sabes cómo se llama ni quién es? Yo no lo haría. Creo que cuando uno toma la decisión de operarse, debe saber con quién, qué le van a hacer y cuáles son las consecuencias".

Debo confesar que ese comentario me movió el piso y me hizo recapacitar. Le di toda la razón y, seguidamente, me explicó que, en la actualidad, las biopsias no se hacen extirpando parte del tumor, el quiste o como vulgarmente le dicen la "pelotita" completa, sino que se realiza una biopsia por punción con ultrasonido y con los resultados se determina el proceso a seguir. Con mucha tranquilidad, me hizo dibujos y me siguió explicando lo que él y su equipo multidisciplinario hacen en casos como el mío. "Si quieres oír una tercera opinión, yo no tengo ningún problema. De hecho, siempre lo recomiendo". Tengo que admitir que me gustó su profesionalismo, su sinceridad, su análisis, pero, sobre todo, su sensibilidad. "Está bien. No me opero mañana. Dígame qué tengo que hacer".

En ese momento, Héctor suspiró y fue como haberle quitado un enorme peso de encima. Creo que él tenía muy claro que, con esa operación, moriría meses después.

Salimos del consultorio del doctor Castorena con una orden para hacerme una biopsia con ultrasonido con la doctora Yolanda

Villaseñor y mi cita quedó programada para el 7 de diciembre del 2010.

Cuando llegué con la doctora Villaseñor, llevaba todos los exámenes y ultrasonidos. La mastografía o mamografía era de tan mala calidad que me vi obligada a repetirla, antes de que me realizaran la biopsia. Me pusieron anestesia local, pero debido a que mi lesión estaba muy cerca del esternón y del pulmón, la anestesia no sirvió y me dolió mucho. Me quejé, lo cual nunca hago, porque soy de la teoría de que, si uno grita, pone nerviosa a la persona que te está atendiendo y te va peor.

Me hizo cinco punciones. Las dos últimas me dolieron tanto que se me salieron las lágrimas.

El 13 de diciembre me dieron los resultados. No pude esperar a verlos con el doctor y abrí el sobre estando en la parte de atrás del carro, camino a la consulta. Cuando leí "carcinoma infiltrante de 5 cm" sentí un frío que me recorrió todo el cuerpo. Lloré y le dije a Héctor: "Amor, tengo cáncer".

Los minutos que tardamos en llegar al consultorio del doctor Castorena se me hicieron eternos. Me llené de angustia y de incredulidad porque en mi familia no hay cáncer. ¿Cómo era posible que yo lo tuviera, cómo era posible que esto me estuviera pasando a mí?

Llegamos con el doctor Castorena y tras leer el resultado de la biopsia, me confirmó lo que ya sabía. Cáncer de mama. Volví a llorar, y con mucha delicadeza, el doctor me acercó la caja de *kleenex*. Héctor no soltó mi mano nunca, pero su cara estaba desencajada.

Hablamos mucho de qué significaba tener cáncer de mama y cuáles eran los pasos por seguir. "El cáncer es una enfermedad grave, pero hay muchas malas interpretaciones a su alrededor. Ya verás que las cosas no son como la gente cree, pero lo más importante eres tú y cómo escoges enfrentar esta enfermedad. ¿Te gusta el fútbol?" Asentí. "Bueno. Imagínate que estás a punto de empezar un partido de fútbol y tú eres el capitán. Cuando el capitán tiene ganas de ganar ¿se gana el partido?" Volví a asentir. "No. No, necesariamente; pero las probabilidades de ganarlo son muy altas. Si el capitán no quiere ganar el partido ¿se gana?" Hice un gesto dudoso con mi cabeza. "Casi siempre no. Ya verás que el 90 por ciento de la batalla que vas a enfrentar depende de ti".

Mi pelo es crespo[1], voluminoso y me llegaba a media espalda. Tenía veinte años de tenerlo largo y de teñírmelo de castaño claro. Ese día tomé la decisión de cortármelo, porque pensé que sería menos traumático perder el pelo corto que el largo.

----
[1] En México le dicen chino.

Entré a la peluquería y le dije a mi estilista que quería un cambio de *look*. Recuerdo que Lalo tomó mi cabello con su mano y me dijo: "¿Está segura de que lo quiere cortito?" "Sí", contesté. Lalo tomó sus tijeras y al ras de la nuca, cortó mi cola de caballo que, sutilmente, ocultó entre sus manos para que no fuera traumático para mí y rápidamente desapareció hacia la parte de atrás del salón.

El doctor Castorena me pidió que regresara con la doctora Villaseñor para realizarme otra biopsia del ganglio axilar. Asimismo, para determinar de qué hormonas se estaba alimentando el cáncer, pidió que hicieran un examen de inmunohistoquímica a las muestras de la biopsia.

El resultado fue contundente: "carcinoma infiltrante III B". También me comentó que hoy en día la quimioterapia se administraba mejor por medio de un catéter que se coloca en el pecho del lado contrario al seno afectado, quedando conectado en la vena cava superior. Ese catéter debe ser colocado con cirugía mayor y en esa misma hospitalización se me administraría la primera quimioterapia. En esta cita el doctor Castorena me remitió al doctor Juan Alberto Serrano el cual iba a coordinar mis quimios.

El 15 de diciembre la doctora Villaseñor me hizo la segunda biopsia y cuando me vio dijo: "No me digas que eso te lo hice yo", comentó, asombrada al ver mi seno morado, verde y amarillo. "Sí, señora, pero no se preocupe. Yo siempre me moreteo por todo". Me puso anestesia local y admito que me dolió la anestesia, pero la biopsia no me dolió nada. Tomó varias muestras y dejó otras para que les realizaran la prueba de inmunohistoquímica (IHQ). Cuando fui a pagar la biopsia, la doctora no me cobró nada. Así que, cuando recogí mis resultados, aproveché la ocasión para regalarle una botella de vino.

El 22 de diciembre conocí al doctor Serrano. El resultado del IHQ explicaba con claridad que mi cáncer se alimentaba de las hormonas femeninas. Con eso entendí la razón de por qué yo era la única de la familia con cáncer de mama. Siempre quise tener hijos y no pude. En mi primer matrimonio hice hasta lo imposible para quedar embarazada: me sometí a inseminaciones artificiales, *in vitros* e inyección de los glóbulos blancos de mi esposo para crear anticuerpos y no rechazar un posible embarazo. Mi cuerpo estuvo lleno de hormonas por más de siete años.

Con todos los exámenes y resultados que me hice en dos semanas, más lo conversado entre el doctor Castorena y el doctor Serrano, se determinó mi tratamiento: diez sesiones de quimioterapia llamadas TAC (Docetaxel o Taxotere, Doxorrubicina y Ciclofosfamida) divididas primero en cuatro; cirugía y seis, después. En ese momento, no se podía decidir aún si iba a tomar la radioterapia o no. Imposible evitar los efectos secundarios severos que tuve como la pérdida total de pelo en mi cabeza después de la primera quimio; cansancio; pérdida o aumento de peso; dolor en los huesos; lentitud en los movimientos; pérdida de la memoria inmediata; daño reversible en las células de rápida reproducción como las del pelo y las del estómago; daño en la piel; diarrea o estreñimiento; y náuseas, entre otras.

Recuerdo que, en esa cita, después de la explicación del tratamiento, Héctor le preguntó al doctor: "¿Podemos iniciar todo en enero para pasar las fiestas en paz?" El doctor respondió: "Lo que podemos hacer es dejar pasar Navidad, pero la semana que sigue debemos colocar el catéter y administrar la primera quimioterapia. Estamos iniciando la lucha por su vida". Finalmente, salimos del consultorio con la firme convicción de poner todo de nuestra parte, pero en el fondo, nos sentíamos tristes y asustados.

Sabíamos que iba a ser un proceso muy pesado, porque con la escisión de socios de la primera empresa habíamos tenido que decidir qué pagábamos y qué no, y una de las cosas que dejamos de pagar fue el seguro de gastos médicos mayores. Ni Héctor ni yo nos habíamos enfermado seriamente en años. La falta de seguro médico implicaba empezar a buscar dinero para pagar la colocación del catéter y las quimioterapias que serían 10 cada 3 semanas y costaban 85 mil pesos mexicanos cada una (como 6 mil dólares americanos) más la inyección del día siguiente que costaba 33 mil pesos mexicanos (más o menos 2 mil 500 dólares americanos más).

Era muy claro para nosotros que, por nuestros ingresos, no íbamos a calificar para el seguro popular o para ser vista en Cancerología del IMSS[2]. Eso nos llevó a la reflexión: si alguien no tiene dinero para afrontar un tratamiento de estas características, se muere.

---

[2] Instituto Mexicano de Seguro Social.

INICIO DE LA TRAVESÍA

Amo la Navidad y no permitiría que este diagnóstico la arruinara. Así que arreglamos la casa y salimos a comprar regalitos para nosotros. Héctor salió con su hija, Mar, y yo salí sola. Me compré un vestido para estrenar en la noche y llegué a casa llena de regalos para entregárselos con mucho amor.

Cuando nos estábamos alistando para irnos a cenar a la casa de mi suegra, Mar se acercó y me dijo: "¿Quieres que te demos tu regalo de Navidad ahora? Te va a gustar mucho y además te va a servir ahorita". Mi regalo eran los cosméticos que me encantan. Un desmaquillador de marca y unas sombras que hacían juego con mi vestido.

Al día siguiente, Mar apareció muy temprano en el cuarto, para que abriéramos los regalos. Como ya me los habían dado, no tenía mucha ilusión. Sin embargo, al bajar, descubrí que la sala estaba llena de regalos. Lo que más me impactó fue encontrar la bicicleta de mis sueños. Habían logrado esconderla y estaba estacionada frente a nuestro bellísimo árbol de Navidad. Héctor y Mar se encargaron de hacer una Navidad inolvidable para mí, para nosotros.

Uno de los eventos más duros fue cuando tuve que informar sobre mi salud a la familia. Llegó ese día en el que me armé de valor y llamé a mis hermanos y a mi mamá. Mis hermanos llevaban varios años sin hablarse. Después de decirle a mi hermano "Tengo cáncer de mama" y explicarle lo que vendría, sus palabras fueron "Estoy seguro que vas a poder porque sos una mujer muy fuerte. Sos la más fuerte de los tres". A continuación, me pidió el teléfono de Mima, mi hermana.

Mis hermanos se sorprendieron mucho con la noticia y sé que en el fondo de sus corazones sintieron una tristeza profunda, pues soy, como diría mi terapeuta de aquella época, "el hermano Resistol". Mis hermanos tenían más de dos años de estar distanciados, pero gracias a mi cáncer se reconciliaron, lo cual ha sido una de las cosas más hermosas que me ha dado este padecimiento.

Llegó la hora de llamar a mamá. Lo tomó bien, pero la conozco y sé que desde ese instante ha sufrido mucho. Como papá iba a viajar a Estados Unidos el mismo día que me pondrían el catéter y me darían la primera quimioterapia, tomé la decisión de no contarle nada hasta que regresara, porque conociéndolo podría ser capaz de cancelar el viaje.

Por otro lado, mi esposo decidió enviar un correo electrónico para informar a nuestros colaboradores mi padecimiento y lo que estaba por venir. Éste es el correo:

~

De: Héctor Gutiérrez
Fecha: 14 de diciembre de 2010 18:29:25 CST
Para: <undisclosed recipients>
Asunto: Marta o una ventanita al sol

Queridos todos:

Me dirijo hoy a ustedes para informarles tristemente que el día de ayer, nos fue comunicado que Marta tiene cáncer de mama. El médico nos hizo saber que, con el tratamiento adecuado y los debidos cuidados, la enfermedad de Marta es perfectamente curable.

Si bien la palabra cáncer tiene una carga terrible, herencia de muchos años de desconocimiento y mitos, ampliados magníficamente por Hollywood y derivados, ahora sabemos que el tratamiento del cáncer de mama en lo particular tiene muchísimas posibilidades. Esto quiere decir, que Marta no tiene una sentencia de muerte por este diagnóstico y sus probabilidades de vida, no deberían ser diferentes a la de ninguno de nosotros. Sin embargo, el cáncer de mama sigue siendo la principal causa de muerte entre las mujeres adultas de nuestro hemisferio, tanto que en este momento existe una campaña mundial para apoyar a las víctimas de esta plaga.

Con esta información tan dispar, nosotros y, particularmente, el oncólogo, tenemos la siguiente conclusión y es que: la enfermedad de Marta es curable siempre y cuando, Marta tome las decisiones correctas, que van desde seguir al pie de la letra el tratamiento indicado, hasta tomar muy en serio, la tremenda y profunda decisión de vivir cada día, de continuar con su existencia con todo lo que eso implica. Ahora, a Marta le toca pelear con todas sus fuerzas; sin su ayuda, no podremos conservarla, la necesitamos más que nunca al frente de su vida defendiéndola, porque es eso o perecer. Seguro estoy que dentro de 18 semanas la veremos retoñar, como lo hacen todas las flores y todas las lunas.

A nosotros nos toca acompañarla muy de cerca, alentarla, no dejarla caer en la tentación de la auto conmiseración, o en la auto complacencia de la duda. Nos toca verla pelear, como lo hace todos los días, pero esta vez por una causa más bella aún, que es la de prolongar su sonrisa encantadora por muchísimos años. Tiene que oír de nosotros lo importante que es, lo bella que es. El tratamiento que va a recibir y que se llama quimioterapia es agresivo, no tanto como antes, pero lo es sin duda. Probablemente, pierda un poco de pelo y aunque no lo crean, eso es lo que más la aterra; esa es Marta, esa es nuestra Marta, porque al final es de todos.

En lo que a mí respecta y no sé si tienen alguna duda con esto, no pienso disminuir el paso, ahora menos que nunca. La pelea subió de nivel: ya no se trata solamente de pagar la renta o la nómina. A partir de hoy cuando hablemos de defender la subsistencia, tendrá que ver literalmente con eso, ahora no queda de otra. Hay que redoblar esfuerzos para permanecer juntos, pase lo que pase. En ese sentido y aunque sé que está de más pedirlo, quiero volver a solicitar su ayuda y su apoyo para continuar la pelea y garantizarnos el derecho a existir.

¡Por Marta, por todos nosotros y por los mejores tiempos que habrán de venir muy pronto, ahora más que nunca reventemos la tristeza a fuerza de golpe, trabajo y risas!

Les agradezco, los quiero y los respeto.

Héctor Gutiérrez
Director General
Konesh Soluciones

~

El 28 de diciembre del 2010, a las 8 de la mañana, estaba internándome en el hospital ABC de Observatorio.

PRIMERA CIRUGÍA
Y PRIMERA QUIMIOTERAPIA

Tengo que confesar que hasta este momento todo me parecía como un sueño. No había interiorizado los conceptos de "paciente de cáncer" "quimioterapia" "cirugía radical".

Al llegar al hospital ABC Observatorio, me ingresaron, asignándome un cuarto en el segundo piso. Guardé mis cosas en el closet y me senté en el *reposet*. A los pocos minutos de estar ahí, llegaron las enfermeras a tomarme la presión, me pesaron y, me pidieron que me cambiara. En el momento en el que me pusieron el suero, fue cuando mi cerebro registró por qué estaba ahí y se me hizo un nudo en la garganta. Volví a ver a Héctor y me puse a llorar. Fue cuando mi corazón asimiló: "Estoy enferma. ¡Tengo cáncer!" Media hora después, llegaron los camilleros y las enfermeras para llevarme al quirófano. Me subí a la cama, me despedí de Héctor en el cuarto y me puse a llorar nuevamente.

Me colocaron el catéter que aún conservo unido a mi pecho y a mi corazón. Parece que deberé usarlo un año más. En la actualidad, se administra la quimioterapia por un catéter colocado directamente en la vena cava superior, porque los efectos secundarios son menos dañinos que administrándola por una vena en la muñeca.

Este catéter me lo colocaron con anestesia total, para lo cual firmé el consentimiento.

Al día siguiente, me pusieron la primera quimioterapia. Mi tratamiento consistía en la colocación, a través de vía intravenosa, por el catéter del pecho, de tres productos que componen el TAC. Antes de iniciar, toman muestras de sangre para determinar que no hubiera anemia ni ninguna otra complicación. Luego, colocaron suero y medicamentos para prevenir las náuseas y el dolor de cabeza. El primer medicamento duraba hora y media; el segundo, tres horas;

y el tercero, una. El segundo es el más pesado. Es rojo y viene en un paquete negro porque es sensible a la luz. Cuando me lo empezaron a administrar, me sentí fatal. Me dolían las paredes del estómago, la cara me ardía y el dolor de cabeza se volvió insoportable.

Uno de los efectos secundarios del TAC es que se agudiza el olfato, por lo que las náuseas están a la orden el día. Recuerdo sentir el olor del café que traía en la mano mi esposo, antes de que entrara por la puerta. Cuando me trajeron el desayuno y destapé los huevos revueltos con jamón, se me revolvió el estómago y fue la primera vez que vomité. La segunda vez, lo hice varias horas después. Hoy estoy convencida de que la causa fue la mezcla de la anestesia y la quimioterapia. Posteriormente, sólo vomité dos veces más durante las nueve quimioterapias restantes. Ese día me permitieron regresar a mi casa. Me sentía muy cansada y con gran debilidad, pero mi vida transcurrió dentro de la normalidad.

Para año nuevo, fuimos a la casa de mi cuñada y cerca de la medianoche me fui a recostar porque me sentía muy cansada.

Las sesiones de quimioterapia debían administrármelas cada tres semanas. En este período empecé a ver cambios muy drásticos en mí. No soportaba los olores fuertes ni a café, ni a huevo, ni a aceite hirviendo.

Aún continuaba laborando con normalidad. El martes 11 de enero de 2011 fui a trabajar a Puebla con una compañera y amiga, Evita, para levantar información de un proyecto de emisión de facturas electrónicas. Al día siguiente de llegar a Puebla, cuando me levanté, vi que la almohada estaba llena de pelo. Al terminar de bañarme, me di cuenta de que también había muchísimo pelo en el piso del baño, en mi ropa, en el lavatorio. Además, si me pasaba la mano por el pelo, se quedaba una enorme cantidad entre los dedos. Después de recogerlo y botarlo a la basura, noté que se me había caído casi un 60%. Parecía que se había botado una peluca en el basurero.

Al día siguiente, cuando estábamos en la primera reunión, me empezó a doler mucho la cabeza. Como no se me quitaba, me tomé unas aspirinas y a las cuatro horas, el dolor era más intenso. No permitía concentrarme en el trabajo. Fui a buscar al médico de planta de la empresa para que me tomara la presión, la cual estaba estaba en 220/110. "Señora: la tiene extremadamente alta. Le voy a dar un vasodilatador porque le puede pasar algo más complejo". De inmediato llamé al doctor Castorena. Estaba ocupado, pero tomó mi llamada. Se preocupó ante la situación y me dio el celular de un médico internista, el doctor Héctor Montiel, Subdirector de Emergencias del hospital ABC, Observatorio. Lo llamé varias veces, pero no me atendió el teléfono, por lo que volví a llamar al doctor Castorena y le dije que no me contestaba, posiblemente porque no estaba reconociendo el número telefónico. El doctor Castorena llamó al doctor Montiel y me llamó de regreso. Me comentó que el doctor Montiel estaba con un paciente y que, apenas terminara la consulta, me llamaría. Me quedé sentada en la camilla del consultorio médico y, en efecto, a los veinte minutos sonó el teléfono. Era el doctor Montiel, quien me recomendó quedarme recostada en la camilla y que cuando la presión se estabilizara me fuera para el hotel y me bañara con el agua lo más fría que pudiera aguantar, que me acostara y me tomara la presión cada par de horas.

Le compartí la información al doctor de la empresa y me dejó ir luego de tomarme la presión y determinar que estaba un poquito más baja. Fui a buscar a Evita, le comenté que me iba para el hotel porque tenía la presión demasiado alta. Sin dudarlo, ella me dijo: "Yo me voy contigo y trabajo desde ahí". Llegamos al hotel y me metí al baño. Dejé la puerta semi abierta para que si me pasaba algo, Evita pudiera escuchar con claridad. Creo que estuve como 40 minutos dentro del agua. Sentía que se me iba a reventar la cabeza. Cuando salí del baño, me puse la pijama, me acosté y me quedé dolor había disminuido y se redujo conforme fueron pasando las horas hasta desaparecer. No tenía cómo tomarme la presión, pero sabía, por cómo me encontraba, que había bajado considerablemente. Reflexionando hoy, no entiendo cómo no se me ocurrió llamar a una farmacia y comprar un aparato para tomar la presión. Moraleja: nadie nace aprendido, ¿no?

Llamé a Héctor y le conté lo sucedido con mi pelo. Estaba muy afligido. Yo ya sabía que esto iba a suceder, aunque admito que no esperaba que pasara tan rápido. Tan pronto regresé a la Ciudad de México, fui a ver al doctor Montiel, quien me informó que a partir de ahora era hipertensa, aunque se desconocía si se debía a la quimioterapia, a la herencia o a la edad. Me recetó 50 mg de Atelonol, indefinidamente. Hoy en día estoy en manos de un cardiólogo, y continúo con medicación para la hipertensión (Telmisartán 12.5/80) más un diurético leve

(Concor). Todo ello me permite llevar una vida completamente normal.

Para entonces, sólo me quedaba el 30 por ciento del pelo y se me veía el cuero cabelludo por algunas partes. Me dolía muchísimo la piel de la cabeza como cuando alguien te jala el pelo. "Es el momento de raparme", pensé. Llamé a mi estilista y le dije que iría al salón porque se me había caído demasiado pelo, pero él, muy amablemente, decidió venir a casa. Llegó a las 11:30 de la mañana del sábado 15 de enero del 2011, pusimos una silla en media sala y empezó a pasarme la rasuradora cero. A las 12 del mediodía ya estaba rapada.

Mi cabeza parecía un dálmata. Tenía partes sin nada de cabello y otras con motas de cabello, por lo que se veían zonas oscuras en unos lados y blancas en otros. Como diríamos los ticos, mi cabeza estaba "bareteada". Por eso, al día siguiente, decidí pasarme la rasuradora que uso para las piernas. Soy muy, muy mala para hacer cosas frente al espejo y como lo hice viéndome al espejo, me desorienté y me corté la oreja. Así fue que empecé a raparme con los ojos cerrados y por un año y medio lo hice semanalmente sin ningún problema. Jamás me volví a cortar. Cuando me bañaba, me ponía crema de afeitar en toda la cabeza y, sin mirar, me pasaba la rasuradora. Luego con la yema de los dedos iba sintiendo si se sentía duro y, cuando era así, volvía a pasarme la rasuradora hasta que mi cabeza quedaba completamente lisa como una bola de billar.

Héctor siempre trató de que este proceso fuera lo menos doloroso y traumático posible, por lo que encontró una forma de hacerme reír. Tuve muchos apodos como:

"La niña de la pijama a rayas", "Cabecita de rodilla", "Megamente" y "Tío Lucas". Mi favorito siempre fue "Cabecita de rodilla". Aún hoy me hace reír.

Odio los turbantes, pues siempre me han dado la sensación del estigma de mujer cancerosa, enferma y moribunda, por lo que decidí que mi *look* debía ser diferente. Lo primero que hice fue ponerme todas las bufandas que tenía, en la cabeza y comprarme sombreros. Hoy tengo siete y los he usado, diariamente, por año y medio.

Por ese tiempo, todavía conservaba mis cejas y pestañas, me veía muy elegante y no parecía enferma.

Éste fue mi *look* por más de un año y medio. Me sentía guapísima por dentro y por fuera, aunque si me contemplabas cuidadosamente, se me notaban las ojeras y las manchas típicas de una mujer sometida a quimioterapia.

SEGUNDA QUIMIOTERAPIA

Esta quimioterapia, al igual que las nueve siguientes, me la aplicaron todos los martes a las 9 de la mañana en el Instituto de Cáncer de Mama del Hospital ABC de Observatorio, donde el trato fue y es excelente. Era un 18 de enero de 2011, y tenían diez cubículos individuales, pero abiertos, con televisión y DVD, dos cuartos individuales cerrados, uno con baño dentro y un centro de pediatría. La segunda quimioterapia fue en el cuarto individual sin baño. Como Héctor se la pasaba todo el día hablando por teléfono, estar en un cuarto individual, era bueno para todos.

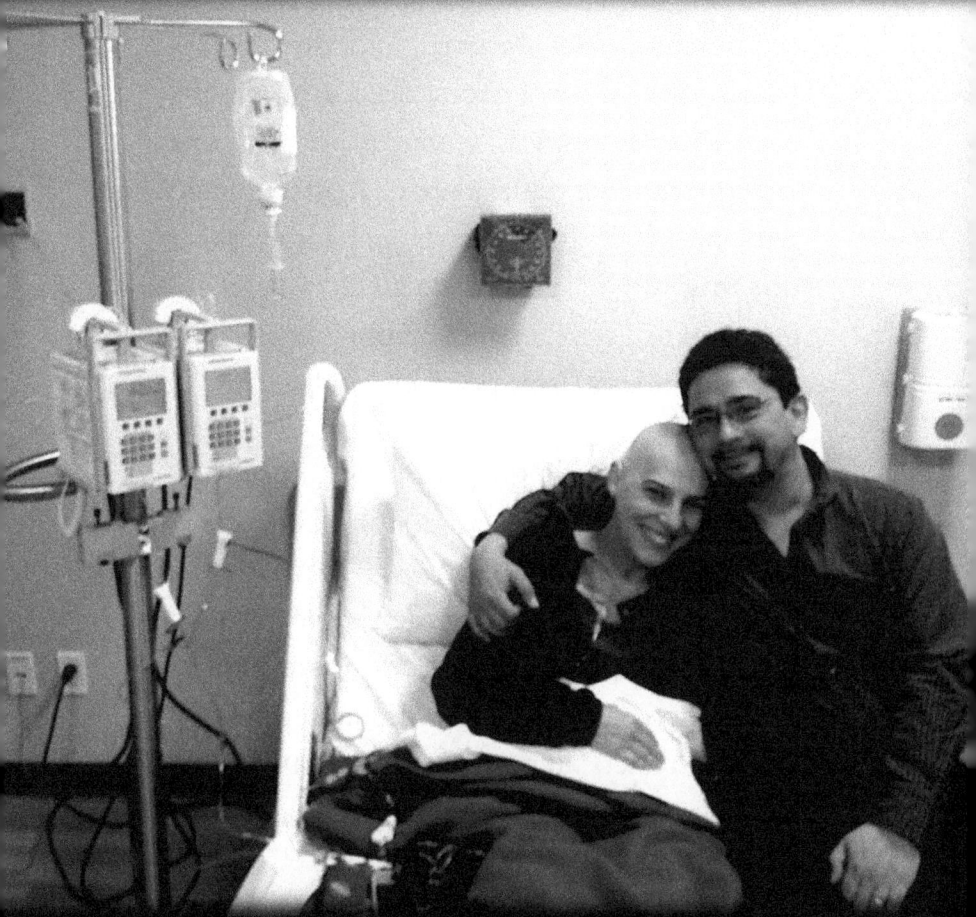

El proceso de la quimioterapia se dio de la siguiente manera: primero me reportaba en recepción y firmaba los papeles de consentimiento de la aplicación del tratamiento, así como el de alguna transfusión, si fuera necesario. Luego pasaba a la sala de espera y venía por mí una enfermera. Me transladaban a un cubículo para pesarme, tomarme la presión y sacar una muestra de sangre del catéter. Luego me instalaban en el cubículo que me correspondería estar por todo el día.

Con esta segunda quimioterapia, aprendí a poner sobre el catéter, por lo menos una hora antes, una crema que se llama EMLA. Fue una recomendación de Angie, una de las enfermeras más antiguas y simpáticas del Centro de Cáncer ABC. Esta crema tiene un anestésico que penetra 2 centímetros bajo la piel. ¿Por qué es importante? Porque la aguja que se mete en el catéter mide 3 centímetros y es tan gruesa como una aguja para coser sacos de gangoche (yute). Duele mucho cuando te la entierran. En esta ocasión el dolor fue brutal. Tanto para las ocho quimios restantes como para las irrigaciones mensuales que me hago, siempre me aplico EMLA, porque reduce, considerablemente, el dolor.

Si los resultados del laboratorio muestran rangos normales de sangre (no hay anemia), proceden a aplicar el suero y los medicamentos preventivos de los efectos secundarios de la quimio. Tras una o dos horas, empieza la aplicación de la quimioterapia. Todo este proceso duraba entre ocho y once horas.

Las bolsitas de químicos, medicamentos y sueros venían etiquetadas con mi nombre completo, fecha de nacimiento, nombre del médico y un montón de códigos más. Debajo de esa etiqueta había otra mucho más grande que además incluía información más precisa: el nombre del medicamento, los miligramos, la fecha, el nombre del doctor Serrano y no me acuerdo qué más información.

Solía llegar a las 9 de la mañana y salía entre 7 y/o 9 de la noche. En el inter, me ofrecían películas, pero yo me llevaba las mías, aunque aproveché para ver tele, específicamente los Grand Slam de Tenis, pero después de tres horas iniciaba el dolor de cabeza, la molestia de la luz, así como la somnolencia y el mareo, por lo que cerraba mis ojos, dormitaba mucho, durante periodos largos

Aunque tenía el estómago extremadamente *malchecho*, me daba hambre y pedía algo de comer a medio día. A las 7 de la noche concluía el último tratamiento; y, tras poner suero, dejaban el catéter con heparina para que no se hiciera ningún coágulo mientras el catéter estaba en desuso. Como a las 8 ó 9 de la noche me quitaban la aguja y ya me podía ir a casa.

A los dos días de la aplicación de la quimio, había que inyectar insulina en el estómago para evitar la anemia. Esa inyección era como una bomba y al día siguiente te sentías fatal. Por casi nueve meses, padecí náuseas, insomnio y cansancio, pero logré controlarlas, con medicina, descansando, pero sobre todo controlando mi mente. Me repetía permanentemente que la quimio no era mi enemiga, si no que ambas estábamos luchando contra ese tumor infeliz que atentaba con quitarme la vida, pero que no lograría apagar mi sonrisa ni terminar con mis ganas de vivir.

TERCERA QUIMIOTERAPIA

Esta quimio fue importante y diferente porque tuve la ausencia de Héctor. Nuestra empresa había logrado una distribución única en México de un producto español y Héctor tuvo que viajar para firmar el contrato en España. Era todo un logro para Konesh Soluciones y no quise decirle nada a Héctor, porque no quería quitarle la ilusión de ir a España con dos de nuestros "Pandas", (nombre cariñoso de los muchachos que forman parte del equipo de desarrolladores informáticos), cerrar el contrato, ver a su hermana que vive en Barcelona y "turistear" por Europa.

En la mañana del 8 de febrero de 2011, vino la hermana de Héctor para acompañarme al Instituto de Cáncer. A las pocas horas, acudió mi cuñada, Susana, y a la 1:30 de la tarde llegó Dunia, una compañera y amiga de trabajo, y se quedó conmigo hasta que me dieron la salida. En esta quimio, tuve mucho malestar durante el día y las uñas se me pusieron moradas. Posiblemente, se debió a que mi cuerpo ya estaba empezando a sentir los estragos de la quimioterapia. Según mi oncólogo clínico, este síntoma es uno de los efectos secundarios que por lo general se presenta y se queda por un año.

Como a las 8 de la noche llegaron Marquito, Adolfiux y Mary. Me ayudaron a pagar y me acompañaron a casa. Tanto Marquito como Adolfo son muy sensibles a la sangre por lo que les dije que me iban a quitar la aguja y los cables que se conectan al suero, para que decidieran si se quedaban o salían del cubículo. Ambos se fueron, pero Mary se quedó. Recuerdo haberle reiterado que era impresionante. Con mucha seguridad, me explicó que no importaba. Cuando llegó la enfermera empezó todo el proceso de quitar el suero, colocar la heparina y demás, me percaté de que Mary estaba empalideciendo a punto de desmayarse. "Por favor, siéntese: no la puedo atender porque mi prioridad es la paciente. Respire. El baño está a la vuelta", comentó la enfermera. Mary respiró profundamente varias veces hasta que se estabilizó y se quedó conmigo, pero ya no me miró hasta que nos fuimos. Aún hoy tengo sensaciones encontradas cuando me acuerdo, porque a nadie le gusta que le digan "Te lo dije" ¿verdad?

Ya en la noche me sentí mal, pero estaba tan agradecida con mis amigos-compañeros que, sin dudarlo, los invité a cenar. Fuimos a Luigui's, un restaurante italiano cercano a casa. Me comí una alcachofa hervida y regresamos a casa. Mary se quedó a dormir conmigo y, en la mañana, llegó Dunia. Por la noche, la relevó Sandra y, posteriormente, me quedé sola durmiendo. Cuando despertaba, dejaba que las horas corrieran mientras veía tele, escuchaba música y luchaba con todas las fuerzas de mi ser para curarme y salir airosa de esta batalla por conservar mi vida. La batalla contra el insomnio, otro efecto secundario de las quimios, aún me acompaña pues sigo tomando una "quimiecita" diaria.

Tengo que confesar que hubo un efecto secundario del cáncer y de las quimios que me costó mucho manejar: la pérdida de la memoria inmediata. Recuerdo que se me olvidaban las cosas como nunca. Con las quimios, la memoria se me afectó muchísimo, tanto que veía programas investigativos o de suspenso como CSI, Criminal Minds, NCIS y otros de este tipo y no sabía cómo habían encontrado al asesino o no entendía cómo llegaban a sus conclusiones. Era horrible.

Recuerdo también estar conversando y ver a mi interlocutor mirándome como esperando algo o simplemente preguntar: "¿Qué opinás?" "¿Y a vos qué te parece?" "¿Viste? "Iiiiigggghhhhh", pensaba mientras me preguntaba "¿De qué me estarán hablando?"

En varias ocasiones fui al supermercado a hacer las compras y mientras estaba ahí, recordaba algo que debía comprar. Dejaba el carrito a un lado y me iba a buscarlo. Cuando ya tenía el producto en la mano, no me podía acordar en dónde había dejado el carrito o no reconocía ninguno de los carritos sin dueño en todo el supermercado. Era muy frecuente vivir eso. Recuerdo un día hacer conciencia de que estaba en la calle con mi celular, mis llaves y mi cartera y no tener ni idea de por qué había salido a la calle. Por ese motivo, nunca más volví a salir sola.

En mi trabajo, me vi obligada a compartir mi situación porque era muy incómodo estar al teléfono y no saber por qué o a quién habían llamado. Constantemente tenía que pedir que me explicaran todo de nuevo. Tengo fama de ser muy meticulosa con el lenguaje, la ortografía y la redacción de los documentos y los correos; un día Marquito me llamó aparte y comentó: "¡Qué mal estás escribiendo Martita!". Le dije: "qué raro, porque lo estoy haciendo igual". Su cara de desconcierto me demostró que creía que estaba fingiendo o me estaba haciendo la tonta para no asumir mi responsabilidad. Realmente no tenía ni idea qué estaba pasando conmigo ni por qué me estaba diciendo eso.

Era la Project Manager de uno de nuestros clientes grandes y esta situación de olvidos llegó al límite cuando un cliente llamó directamente a Héctor e indicó: "Quítenme a Marta del proyecto, por favor". Héctor me llamó a su oficina y comentó que no debía tomármelo personal, pero Evita iba a sustituirme en el proyecto porque el cliente no me quería más ahí. En ese entonces sí me tomaba las cosas personales y me dolió muchísimo, pero entendí que era hora de irme a casa, pues estaba perjudicando más que ayudando.

Para tranquilidad del lector (si sos un paciente o familiar de alguien con cáncer), en muchas de mis consultas con el doctor Castorena y/o con el doctor Serrano comentaban que era común y que "al paciente de cáncer había que ayudarle a hacer las cosas, no hacerlas por él o ella".

CUARTA QUIMIOTERAPIA

Fue el 1° de marzo del 2011. También llegué a las 9 de la mañana y esperé en la antesala de quimioterapia a que una enfermera viniera por mí. A continuación, me asignaron un cubículo, me sacaron sangre por el catéter y, mientras esperaba los resultados, me aplicaron el suero.

Cuando los resultados eran normales, me colocaban medicamentos y los químicos. Cuando terminaban de aplicar los químicos del TAC (mi tipo universal de quimio), me volvían a aplicar suero, para que no quedara nada en el catéter ni en las mangueras que están en la arteria. Luego se irrigaba el catéter y se dejaba con heparina, un líquido aceitoso que la formación de coágulos. Seguidamente, me ponían una curita redonda y me daban la salida, como cuando estás internada en un hospital. La persona que recibe los pagos no puede irse hasta que el último paciente no se retira. Recuerdo que en la quimio anterior fue muy molesto que el muchacho viniera a cobrarme antes de que terminara mi quimio, argumentando que se tenía que ir. Nunca más lo volví a ver en el hospital, supongo que su conducta no era acorde con los principios que ahí se manejan.

El único cambio, con respecto a la quimio anterior, es que ahora sí había muchísima gente, por lo que me ofrecieron el área de pediatría. Gracias a Dios, en las seis quimios restantes, no me crucé con ningún niño. Creo que hubiera sido mucho más difícil para mí si hubiera coincidido con un niño enfermo.

Mientras esperaba, pedí la clave de Internet y Héctor aprovechó para trabajar en su computadora y hablar por teléfono todo el día.

Para estas fechas, ya no estaba trabajando, aunque veía mi correo electrónico, a ratitos, todos los días, pero en el hospital. En el momento en que me empezaban a aplicar el Taxotere, el primer componente, siempre se me resentía la vista. Lo que medio se aguanta ver es la tele. Además, se agudizan los sentidos y eso, unido al cansancio, llega a molestar, pues se oye de más, se huele de más, se siente de más.

Tres semanas después de esta quimio, me realizaron muchísimos exámenes: gammagrama óseo, electrocardiograma, exámenes de sangre, ultrasonidos, entre otros, porque había que determinar qué tanto efecto había tenido la quimioterapia contra mi tipo de cáncer y si había disminuido de tamaño el tumor, había desaparecido o se mantenía sin alteraciones.

El 10 de mayo fui a ver al doctor Castorena para planear la cirugía, pues ya había concluido el primer ciclo de quimioterapias, y para que me diera los datos del tercer médico del equipo. Cuando hablamos del cirujano plástico-reconstructivo-oncólogo, me dijo: "En nuestro equipo somos 25 personas. Trabajo con dos cirujanos plásticos. Los dos son muy buenos, pero uno ya me ha dejado plantado un par de veces, y bueno, es tu decisión con quién quieres estar". "Beto Salom (por razones personales, le cambiaré el nombre para no afectar su carrera diciendo lo que pienso). Es muy bueno, meticuloso y perfeccionista". Y me contó una anécdota: "Una vez estaba operando a una persona que tenía un tumor en la cabeza y después de que se lo sacamos, nos quedó un hueco de 5 centímetros, por lo que le dije a mi ayudante que deberíamos llamar a Beto para que lo suturara porque iba a ser una herida muy grande. Lo llamamos y llegó. Miró la herida y abrió su maletín de dónde sacó un peine de estilista y empezó a peinar al paciente. Nosotros nos lo quedamos viendo, riéndonos y le dijimos: "¿Qué haces?" Beto contestó: "Señores, él tiene que vivir con la cicatriz toda su vida. Busquemos que le quede bonita y su pelo crezca correctamente ¿no? Como podrás ver, los cirujanos plásticos son muy especiales y no se parecen a nosotros. Son las *vedettes* de la medicina". Saliendo de la consulta saqué cita con el doctor Alberto Salom para el 17 de marzo.

Con esto se cerraba un ciclo y se abría otro. Todos los días busqué fuerza para motivarme, sonreír y luchar como los alcohólicos: un día a la vez. Uno de esos días de lucha recibí un correo de mi hermano que decía: "Para la séptima princesa".

Princesas de Disney. Tomada de un correo enviado a la autora, encontrada en internet. https://www.facebook.com/Veronica.07.26.10

Esta princesa iba a hacer lo imposible para no claudicar en su meta de sobrevivir.

SEGUNDA CIRUGÍA

Después de una batería exhaustiva de exámenes, se supo que el tumor había disminuido de tamaño. Ahora medía 2.5 centímetros, pero las cuatro quimios no habían logrado desaparecerlo. En esa semana conocí a otra parte de mi equipo médico. El 17 de marzo, en la mañana, fui a una cita con el doctor Castorena, quien me informó que el tumor no había desaparecido. "Tenemos al cáncer en el suelo; ya estamos a punto de vencerlo, pero nos falta liquidarlo totalmente para que desaparezca y no regrese. En tu caso, tenemos tres opciones de cirugía: Hacer una incisión para retirar el tumor. Por protocolo, debo quitar 2 centímetros a la redonda del tumor para cerciorarme que está siendo extraído completamente, lo que implica que tengo que eliminar células sanas. La segunda opción es quitar el seno izquierdo con una cirugía conservadora de piel; es decir, hacer una incisión en el pezón y quitar tejido interno para enviarlo a patología. Si sale negativo, te puedo conservar la piel y el pezón. Y, por último, quitar los dos senos. La decisión es tuya. Piénsalo y me dices". Pensé que tendría las mismas probabilidades de tener cáncer de mama en el seno derecho como cualquier mujer sana. Otro atenuante era mi vida sexual, pues la falta de sensibilidad en los dos senos nos afectaría a mi esposo y a mí.

En la tarde fui a conocer al doctor Alberto Salom. Muy agradable y simpático. Me entregó un *brochure* que él hizo para las pacientes de cáncer, y me comentó que estaría en mi cirugía asistiendo al doctor Castorena. Me explicó los tipos de prótesis que existen: expansiva y definitiva, tipos de silicón, qué es la cirugía reconstructiva y en qué se diferencia de la plástica, entre otros pormenores. Me comentó que al igual que el doctor Castorena, su especialidad era mama y que realizaba operaciones de este tipo casi a diario.

Al día siguiente, fui a mi consulta de rigor con el doctor Serrano. Digo de rigor, porque siempre después de las quimios debía ir a verlo justamente a la semana y media de pasada la quimio. El doctor Serrano es el oncólogo clínico y determina las mezclas de los químicos de una quimioterapia. El 30 de marzo regresé con el doctor Castorena, llevando conmigo todos los resultados de mis exámenes y me dijo: "Los exámenes están bien. Tu coagulación es normal y tu corazón está perfecto. ¿Qué decidiste?" Como el seno izquierdo siempre me había dado problemas (tenía "pelotitas" de varios tamaños y estando en Colombia me sacaron una que dijeron no era cáncer) tomé la decisión de quitármelo por completo (mastectomía radical). El doctor Castorena me dijo que haría una incisión en la parte de abajo del seno (donde está el pliegue), y cortaría un pedazo del pezón para mandarlo al laboratorio. Si salía negativo, me prometió que me dejaría el pezón, pero si no, me lo quitaría. "Rasparé de la clavícula hasta el pliegue donde inicia el seno y colocaremos ahí la prótesis temporal, que será la que Beto irá infiltrando para que la piel ceda y se estire con el objeto de que soporte la prótesis definitiva". Así, programamos la cirugía para el 4 de abril de 2011.

Llegué al hospital a las 10 de la mañana porque mi cirugía estaba programada para las 12 del mediodía. Llené los papeles, corroboré la información y me asignaron el cuarto en el segundo piso. Acomodé mis pertenencias en el closet y me puse cómoda. No puedo negar que tenía susto, como decimos los *ticos*. Llegó la enfermera, me hizo muchas preguntas que respondí con templanza. Unos minutos después llegó la doctora asistente del doctor Castorena y me dijo que me iban a hacer un marcaje en el seno izquierdo para que en la cirugía pudieran ubicar el ganglio centinela, el cual iban a retirar por protocolo.

Nos fuimos caminando por los pasillos del hospital ABC Observatorio. Llegamos a la zona donde está medicina nuclear y entramos a la sala donde se ubica el aparato para hacer tomografías. Ahí esperamos unos minutos y llegó el técnico y una doctora. Me dijeron: "Señora, acuéstese por favor, con la cabeza hacia acá. Coloque sus brazos a lo largo de su cuerpo y con sus manos agárrese los muslos". Hice lo que me indicaron y, de inmediato, me pasaron una faja por los tobillos y me amarraron a la camilla. Luego, una faja idéntica fue colocada a la altura de mis manos y la última a la altura de los hombros. Reconozco que ahí me entró pánico porque pensé: "Qué putas me van a hacer para que me tengan que inmovilizar así". En ese momento, me dijo la doctora: "Vamos a hacer un marcaje en el seno izquierdo con un medio de contraste, para que lleguemos hasta el ganglio centinela, el cual rastrearemos con rayos X para determinar que la tinta llegó hasta donde tiene que llegar. Si le pongo anestesia local, tendría que pincharla unas 4 ó 5 veces y la anestesia generalmente no llega hasta donde pasa la tinta, por lo que sólo haremos la punción que consiste en meter una aguja unos 4 centímetros en el pezón". No me quedó más que decir: "De acuerdo", y cerré mis ojos, porque ya no podía con la incertidumbre y el miedo.

Cuando sentí el pinchazo, creí que me iba a morir. ¡Qué cosa más dolorosa! Jamás había sentido un dolor tan espantoso como ése. Un "aaaaaaaaaay" que me salió del alma me bañaba de lágrimas mientras me estremecía de manera incontenible. La doctora me dijo: "Aguante, ya vamos a terminar". Pasaron unos segundos que me parecieron horas y salió la aguja. El dolor seguía, pero ahora con menos intensidad. La doctora me dijo: "Debemos esperar unos minutos y vamos a tomarle una placa para determinar que la tinta haya llegado al ganglio centinela". "Ya volvemos". La doctora pidió que me trajeran unos *kleenex* y que me secaran las lágrimas, pues seguía inmovilizada y temblando. Me conmovió tanto escuchar esto, que llanto volvió a arreatarme, ante el gesto de empatía que me estaban brindando. Empecé a hiperventilar para tratar de buscar calma para contener el raudal que las lágrimas que no dejaban de salir. Pensé: "Con razón lo amarran a uno". El dolor era tan intenso que cualquiera les daría un puñetazo, o bien, se pararía y se iría corriendo.

El marcaje fue exitoso, me desamarraron e hicimos el camino de regreso hacia mi cuarto. La diferencia fue que ahora me llevaron en silla de ruedas. Me sentía débil y vulnerable. En el cuarto, le conté a grandes rasgos a Héctor lo que había vivido y su cara se desencajó. Minutos después la enfermera me colocó el suero en el brazo derecho.

Cuando llegó el momento de la cirugía, el camillero y una enfermera de quirófano me dijeron: "Ya nos vamos". Se dirigieron hacia Héctor y le explicaron que nos podía acompañar hasta la entrada del quirófano.

Nos fuimos por los pasillos y el ascensor hasta llegar a la zona exacta. Ahí la enfermera le dijo a Héctor: "Despídase, por favor. Hasta aquí llega con nosotros". Héctor se acercó a mi cara, me hizo un cariño en mi cabeza y me dio un beso. Nunca olvidaré su mirada: estaba destruido. Empecé a llorar y no despegué mi vista de sus ojos hasta que se cerró la puerta automática.

Intenté calmarme. Me colocaron en la zona de recuperación a esperar que todo en el quirófano estuviera listo. Luego llegaron por mí y nos fuimos al quirófano. Había mucha gente. Ya estaba el doctor Castorena, el cual tomó mi mano para decirme: "Todo va a estar bien. Te vamos a cuidar mucho. ¿Qué música te gusta? Este es mi lugar de trabajo y la música te hace trabajar a gusto". "Me gusta la música en inglés de los ochenta", le dije. El doctor se volvió hacia el doctor Rodrigo Rubio, su anestesiólogo en jefe y le indicó que la buscara. A continuación, el doctor Rubio puso música y me dijo: "Vamos a empezar. Te pondremos un anestésico por el suero. Vas a sentir que te tomaste unos tequilas de más. Luego vendrá el oxígeno por una mascarilla. Nos vemos al ratito". Recuerdo que le sonreí, cerré mis ojos, le pedí a Dios que me permitiera volverlos a abrir y, si me iba a quedar ahí, que me dejara ir en paz. Yo estaba en paz conmigo y con la vida. No recuerdo más.

Cuando abrí mis ojos, estaba en recuperación. Tenía oxígeno y estaba súper tapada. Vi que tenía una bombita cerca de mi cara conectada al suero. Luego supe que era morfina.

Mi cirugía duró cuatro horas y estuve dos horas en recuperación. Cuando vi a Héctor me di cuenta de que estaba tranquilo, pero era evidente el inmenso peso emocional que llevaba encima.

El equipo del doctor Castorena estuvo en constante comunicación telefónica con Héctor, quien en todo momento supo lo que pasaba conmigo antes, durante y después de mi cirugía.

En medio de todo esto sucedió algo muy gracioso. El doctor que te va a operar siempre llega al cuarto para saludarte, comentarte qué van a hacerte y para que le hagas todas las preguntas que tengas. Ese día, el doctor Castorena le pidió a Héctor su ~~el~~ número de celular con la finalidad de comunicarle el proceso operatorio y le llamó para registrar su número antes de dirigirse al quirófano. Me contó después el doctor Castorena, que recibió una llamada de Héctor unos veinte minutos diciéndole: "Hola. Tengo una llamada perdida de este número". Así es de despistado mi esposo.

La cirugía fue todo un éxito desde el punto de vista médico. Todo salió como debía salir. Al día siguiente me levantaron y me ayudaron a bañarme en la ducha. Fue muy refrescante, pero yo me sentía molida. La enfermera me dio esta indicación: "No cierre los ojos, porque se puede desvanecer". El agua estaba tan rica que ¡zas!, cerré los ojos y nada más oí: "¡Señora, señora!" Abrí mis ojos, me sujeté de la agarradera y por varios segundos estuve tratando de volverme a poner de pie, hasta que lo conseguí. Me desvanecí, pero no me desmayé y gracias a Dios no pegué la cabeza en el piso.

Cuando salimos del baño me impresioné mucho, porque en aquel entonces había un espejo grande donde estaba el lavatorio, que quedaba enfrente de la puerta del baño. Cuando me vi, casi me da algo. Tenía el pecho izquierdo plano como una tabla, el pezón cosido alrededor y una herida en el pliegue del seno como de 35 centímetros junto con un drenaje que salía del costado izquierdo de unos 50 centímetros de largo. Al final, tenía una bombita que iría a acumular la sangre y la sanguaza que debía salir de quince a veintidós días. Pelona, pálida, flaca, sin cejas y sin pestañas, estaba igualita a una mujer en un campo de concentración.

Salí del hospital al día siguiente y empezó mi recuperación. Cada semana visitaba al doctor Salom para que viera mi evolución. Transcurrido un mes, un 2 de mayo de 2011, empezaron las infiltraciones cada ocho días en mi expansor (prótesis provisional), que tenía un costo de más de 2 mil dólares y que seguía sin cubrir el seguro. Esa prótesis tenía una válvula de metal en el frente que el doctor ubicaba con un aparatito que marcaba dónde estaba el metal. Ahí me inyectaba suero para ir expandiendo la prótesis y estirando la piel. No me dolía la aguja ni el líquido, sentía presión cuando entraba el líquido y se expandía la prótesis.

Mi seno izquierdo pesó 450 gramos, por lo que el objetivo de las infiltraciones era llegar al tamaño y al peso del seno original. Al mismo tiempo, todos los días debía cuantificar, a la misma hora, el líquido del drenaje. Esta labor no era bonita y siempre tenía que hacerse meticulosamente de la misma manera. Debía preparar el riñón de plástico donde iba a ir a parar el líquido y la sanguaza para cuantificar el líquido. Luego, doblaba la manguera y destapaba el drenaje. Dejaba caer todo el contenido en el riñón, cerraba la bombita y desdoblaba la manguera.

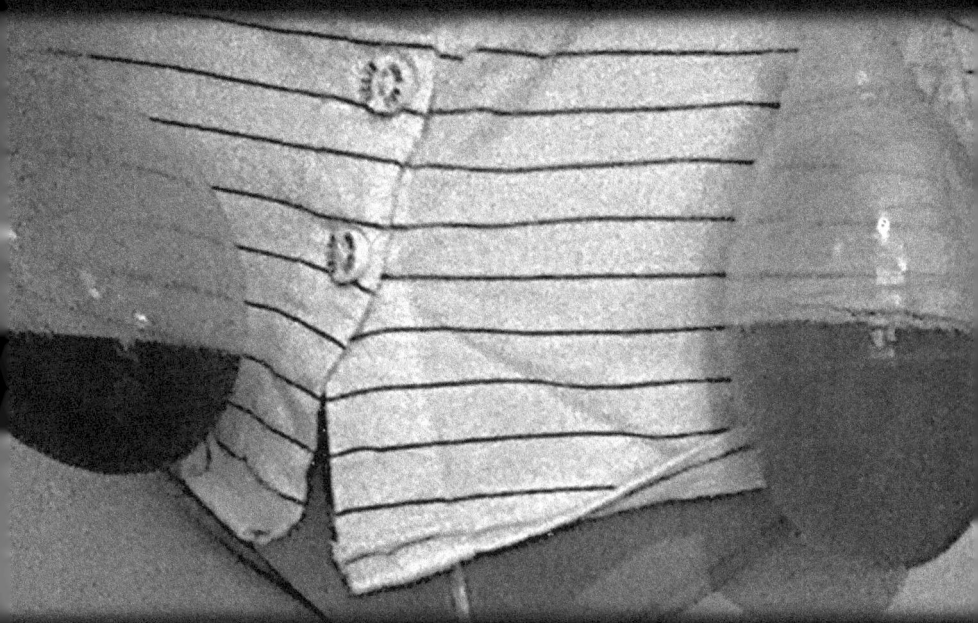

Posteriormente, con una jeringa grande iba succionando el contenido hasta que se llenaba la jeringa y lo iba botando en el lavatorio. Luego, sumaba las cantidades y las apuntaba en una libreta, para escribirle luego al doctor por WhatsApp la cantidad que había obtenido ese día. Con la cuantificación diaria se buscaba que se llegara a menos de 25 mililitros, cantidad que el organismo puede absorber.

La manguera del drenaje está sostenida al cuerpo con un punto a unos 4 centímetros de la herida grande del pliegue. Duele espantoso cuando se mueve porque es como un pellizco bien pegado. Para que no doliera tanto, se cortaba una gasa partida a la mitad para meterla entre el costado y la manguera. Luego, se sostenía con un microporo, de tal forma que la gasa hiciera una almohadita entre la piel y la manguera.

Al principio no podía hacerlo sola, por lo que le pedía ayuda a Héctor. La primera vez que le pedí ayuda, comentó: "Te ayudo, pero no te quejes". "De acuerdo", le contesté. Cortó la gasa y empezó a tratar de colocarla entre las costillas y la manguera, pero no se ajustaba, a lo que le dije: "Me duele, con cuidado". "Es que no se acomoda. Espera. Quédate quieta", me respondió. En ese momento, le dio un tironcito firme a la manguera buscando acomodar la manguera y no la gasa. Cuando sentí el jalón, creí que me moría. El dolor fue tan intenso que me empezó a dar vueltas el baño y sentí que me iba para el suelo. Puse las manos en el lavatorio y dije: "Estoy mareada". En ese momento, Héctor me miró y espetó: "Siéntate aquí". Me ayudó a sentarme en la tapa del excusado y me recliné hacia adelante para que el baño dejara de girar. Empecé a hiperventilar y, poco a poco, me fui sintiendo mejor. Cuando logró colocar la gasa y el microporo en el lugar correcto, Héctor me confesó que me puse blanca como un papel y se asustó muchísimo.

Andar con un drenaje fue también todo un aprendizaje. No es fácil caminar con una manguera que cuelga unos 50 centímetros y se sostiene con una gasilla (un seguro) a la pretina del pantalón. Me quedaba pegada en los pomos de las puertas, las agarraderas de las gavetas y las sillas. El jalón junto con el dolor del estironazo del punto, me hacían recordar todas las malas palabras que me sé más muchas nuevas acompañadas de un "aaaaauuuuch" que dejaba congelado al que estuviera a mi lado.

Con el tiempo aprendí a meter la manguera dentro del pantalón, a sostener bien la bombita del drenaje, para que no se zafara y la gravedad no hiciera que recordara lo descuidada que habías sido por no prensarlo bien. La cuantificación ya me tomaba minutos y la convivencia con el drenaje se hizo muy llevadera por dos o tres semanas.

Dormir también fue todo un tema, pues siempre he dormido de lado y ahora tenía que dormir boca arriba. Eso aunado al insomnio que me daba la quimio, hacía que las noches fueran largas e interminables.
Mis infiltraciones siguieron semana a semana. Al cabo de unas diez semanas ya

tenía el seno del mismo tamaño que el sano y empezaría mi segunda etapa de seis sesiones de quimioterapia.

La sensación de la infiltración era rara. Le tengo pavor a las agujas y la aguja era larga y gruesa, aunque no tan gruesa como la del catéter. Debo señalar que estas infiltraciones nunca me dolieron, pues la piel estaba dormida. La sensación era como cuando vas al dentista y te duermen el labio o la nariz. Se siente extraño porque se sabe que el labio o la nariz están ahí, pero no se siente nada. Así me pasaba a mí.

SEIS SESIONES DE QUIMIOTERAPIA

Este nuevo ciclo de quimotepia de seis sesiones fue muy similar al de cuatro que describí en las páginas anteriores. El procedimiento era exactamente el mismo y, como ya había tenía experiencia, sabllevaba algo para leer durante las primeras horas, una sola película y ropa cómoda. Esta vez, todas las quimios me las dieron en el área de pediatría para que las constantes llamadas de Héctor no molestaran a los demás. Confieso que había momentos en que también esas llamadas cesaran, no quería me quitaban la paz y las ganas de estar en silencio y sola. Sin embargo, siempre entendí que esas llamadas representaban el trabajo que luego iba a significar la llegada del dinero que la empresa compartiría con Héctor y conmigo para pagar mis quimios, mis cirugías y salvar mi vida.

Todos y cada uno de los días que me veía en el espejo, me devolvía una imagen que no era yo. Nunca me acostumbré a verme sin pelo en la cabeza, sin pestañas, sin cejas. Hacía muecas para convencerme de que era yo y sí, el espejo hacía las mismas muecas que yo, pero era y no era yo. Tengo que reconocer que me preparé para perder el pelo de la cabeza, pero jamás para perder las cejas y las pestañas. Sin ellas mi cara perdió la semblanza que siempre había visto. Una vez me pasé la mano por la cara y se vino la ceja entera. Luego, ya conscientemente, me desprendí la otra. Las pestañas se caían por sectores y el viento entraba directo al ojo, lo que hacía muy molesto salir a la calle. La solución fue maquillarme como si fuera para una fiesta y usar pestañas postizas de esas que vienen en tirita y se pegan al párpado con pegamento.

Como nunca quise resignarme a verme tan patética, desvalida y vulnerable, dedicaba más o menos dos horas diarias a pintarme la cara con lápiz y con sombras, a ponerme pestañas postizas, a bañarme y vestirme como si fuera a ir a trabajar o a una fiesta. Jamás me quedé en la cama ni en pijama. Estoy de acuerdo que era más fácil dejarme morir, fijarme en lo deplorable de mi salud, en esas ojeras y manchas que me acompañan hasta hoy, y dedicarme a que toda la gente que tenía alrededor de mí sintiera lástima por mí y vivir motivada por el "pobrecita Marta". No. ¡Jamás! No me dejé vencer y no claudiqué nunca. La decisión más contundente que tomé fue conservar siempre la sonrisa en mi cara. Es una característica que tengo y amo, y la gente que me quiere disfruta y aprecia.

Si quería luchar por mi vida contra esta enfermedad, debía encararla con todo. Y todo se refiere a todo. A partir de aquí me transformé como un ave fénix. Comprendí que nunca más volvería a ser la misma ni volvería a ser la de antes. Empecé a ver la vida como un vaso medio lleno y no medio vacío. Comencé a no dejar nada para después. Estrené todo lo que tenía guardado esperando una ocasión especial.

De la noche a la mañana entendí que la ocasión especial era hoy. Comí lo que quise comer, hice lo que quería hacer, y no escatimé en comprarme lo que siempre quise. Sobre todo, aprendí a pedir ayuda y dejé de lado a la súper mujer que todo lo podía hacer sola y me dejé consentir.

Durante este período de 18 semanas seguí sin trabajar y a los días de la semana de la quimio o a los días después de ella le llamaba "los días malos". Me sentía fatal. Me dolían los huesos, estaba muy lenta en mis movimientos. Recuerdo que dejé de manejar porque estaba segura de que no podría frenar a tiempo e iba a causar un accidente. Siempre que abría la regadera el agua me caía encima.

Lo más triste de este ciclo fue que mi mamá, como se relaciona con el mundo por las enfermedades, no encontraba cómo ganarle atención a un cáncer y sin decirnos nada dejó de comer, por lo que, con el tiempo, empezó a desmayarse en todas partes. Eso sucedía en lugares públicos o estando con gente conocida. Afortunadamente, todos la ayudaban y cuando recobraba el sentido, se iba para la casa como si nada.

Hablé con el doctor Serrano y me dijo que podía viajar, pero de ninguna manera más de tres semanas, pues la quimio no podía esperar. Coordiné con mi hermano y viajamos el mismo día. Rudy pasó por Mima al trabajo y luego ambos fueron a recogerme al aeropuerto. Iba con mi peluca oncológica que sólo había usado una vez, pues no me gustaba, a pesar de que me costó un dineral, porque cualquier cambio de emoción por mínimo que fuera, me hacía sudar y se empezaban a levantar las pegatinas que sostenían la peluca en su lugar. También llevaba años tiñéndome el pelo de castaño claro o haciéndome luces, y cuando escogí la peluca, lo hice de mi color natural, que es café oscuro, y las poquitas veces que me la puse mis facciones se veían más fuertes y extrañas. La falta de cejas y pestañas, aunque maquilladas, me daban un aspecto de señora enferma.

Mamá se recuperó gracias a mi paciencia y cuidados y entendió que yo estaba bien e iba a salir y aceptó empezar a comer poco a poco. Al día siguiente de mi llegada, sucedió algo gracioso. La noche anterior puse mi peluca en un maniquí para que no se deformara, me puse un *boff* en la cabeza y me acosté a dormir. Como a las 5 de la mañana, abrí mis ojos y la cara de mamá estaba a 10 centímetros de mí. Mamá me vio y me dijo: "Siga durmiendo". Dio media vuelta y se fue. A los pocos minutos escuché que estaba llamado a mi hermana y le decía "Mima, en el cuarto de a la par hay una muchacha durmiendo y en la mesita de noche tiene una cabeza con pelo". Me reí mucho.

Estuve en Costa Rica unos diez días y regresé para retomar mi vida y mi tratamiento.

Entre la última quimioterapia y el inicio de las sesiones de radioterapia debían pasar por lo menos dos meses.

RADIOTERAPIA

Estaba muy contenta porque el proceso de las quimioterapias ya había terminado y las cirugías más complicadas también habían concluido. En una consulta de rutina con el doctor Castorena, con el que había logrado establecer mucha empatía y amistad, le comenté: "Estoy muy contenta porque el doctor Serrano me aseguró que no voy a recibir radioterapias. La expresión del doctor Castorena se transformó de inmediato: "¿Eso te dijo? Déjame hablar con él". En la siguiente cita con el doctor Serrano, me recordó que el tumor no había desaparecido y requería someterme a un proceso de radioterapia. Fue como si me hubieran echado un balde de agua helada. Salí con las cajas destempladas sabiendo lo que me esperaba, porque todo lo que habíamos avanzado con las infiltraciones se perdería y mi piel es muy delicada, por lo que temía que se me lastimaría mucho, y así fue.

Hice cita con el doctor Salom quien me comentó: "lo que temíamos, sucedió. Nuestro enemigo es la radioterapia ahora, porque te quema por dentro y por fuera y no sabemos cómo reaccionarán tu piel y tus músculos". Como buena "tica" pensé: "Puta sal", porque sabía que mi piel es extremadamente delicada e iba a sufrir mucho con esto.

El doctor Salom afirmó: "Hemos obtenido buenos resultados cuando las pacientes utilizan crema para la radioterapia tres meses antes, durante y tres meses después".

Compré tres tubos de una crema española especial para piel radiada y la hermana de Héctor, que vive en Barcelona, me los trajo cuando vino a México. Religiosamente, empecé a ponerme la crema una vez al día todas las mañanas.
Acudí a citas semanales para que me sacaran el líquido que me habían infiltrado

en el expansor hasta que quedara lo mínimo indispensable.

Varias semanas después fui a mi primera cita con la doctora Fabiola, quien sería la responsable de mis sesiones de radioterapia. Me explicó que serían treinta y tres sesiones de lunes a viernes, con una duración del proceso de quince minutos, donde me aplicarían un rayo durante dos minutos y la radiación se expandiría 35 centímetros a la redonda, por lo que me recomendaba, a partir de ahora, no usar *brasier* ni ropa apretada por lo quemada que iba a estar la piel.

El doctor Castorena me había recomendado que lavara mi ropa con el jabón más neutro que me encontrara en el mercado y con menos olor. Lo mismo con mi jabón corporal y mi champú. Mi piel es tan sensible y delicada que si mantengo un curita por más de dos días, se me hace sarpullido o se me quema la piel. Eso me preocupaba por lo intensa que iba a ser la quemada.

Antes de iniciar las 33 sesiones de radioterapia era indispensable tener una sesión de dos horas llamada marcaje para señalar los puntos del diámetro de la radiación. Se supone que, con eso, todas las sesiones siguientes serían muy rápidas, porque era sólo ajustar las coordenadas y aplicar la radiación.

Cuando llegué a la sesión de marcaje, me condujeron a un cubículo donde debía quitarme la ropa de la cintura para arriba y colocarme una bata de hospital con el cierre hacia adelante. Cuando ya estaba lista, una enfermera llegó por mí y me llevó a la sala de radioterapia. Era un salón enorme, con una camilla como plancha y un aparato gigantesco a su lado. A los alrededores, había estanterías con todo tipo de aparatos, cojines y esponjas. El techo tenía unas láminas de acrílico separadas en cuadrados, con un inmenso y precioso roble de sabana. Ese techo está diseñado para que te acuestes, exactamente, debajo de ese árbol maravilloso. Realmente, la fotografía es magnífica.

A lo lejos, se escuchaba una música suave y acompañante. Tengo que confesar que en las treinta y tres sesiones que recibí, nunca oí el mismo tipo de música ni la misma canción. Gracias a Dios no me tocó música de banda, que detesto, ni el reguetón, porque aún no existía.

Durante dos horas estuve acostada en esa plancha, con una almohada en mi cabeza y una esponja que levantaba parte de mi torso izquierdo. Me dijeron que tratara de estar lo más inmóvil posible, por lo que decidí relajarme viendo ese frondoso, fuerte y maravilloso roble de sabana, dejándome llevar por las melodías que se escuchaban suavemente. Estaba sola y me daban indicaciones por medio de un parlante.

Al final de la sesión, llegó la doctora con una inyección conteniendo tinta china y me hicieron los primeros y únicos tatuajes de mi vida. Me marcaron los puntos donde deberá ubicarse el grafo que indicará el lugar exacto del rayo. Creo que fueron seis puntos, pero sólo me queda uno en el seno derecho porque con tanta cirugía, fue desapareciendo piel y tamaño.

A partir de este día, las treinta y tres sesiones fueron todos los días de lunes a viernes a las 10 de la mañana, terminando a las 10:15, incluyendo el cambio de ropa, la colocación en la plancha, la radiación de dos minutos y el nuevo cambio de ropa.

Continuaba colocándome crema en la zona que yo creía abarcaba la radiación. Día con día se iba poniendo mi piel más y más roja, y más y más delgadita. Me olvidé de los *brasieres* y usaba camisetas de algodón dos tallas más grandes. Sin embargo, con el roce del brazo y las costuras de la ropa, se me rompió la piel y la axila quedó en carne viva por semanas.

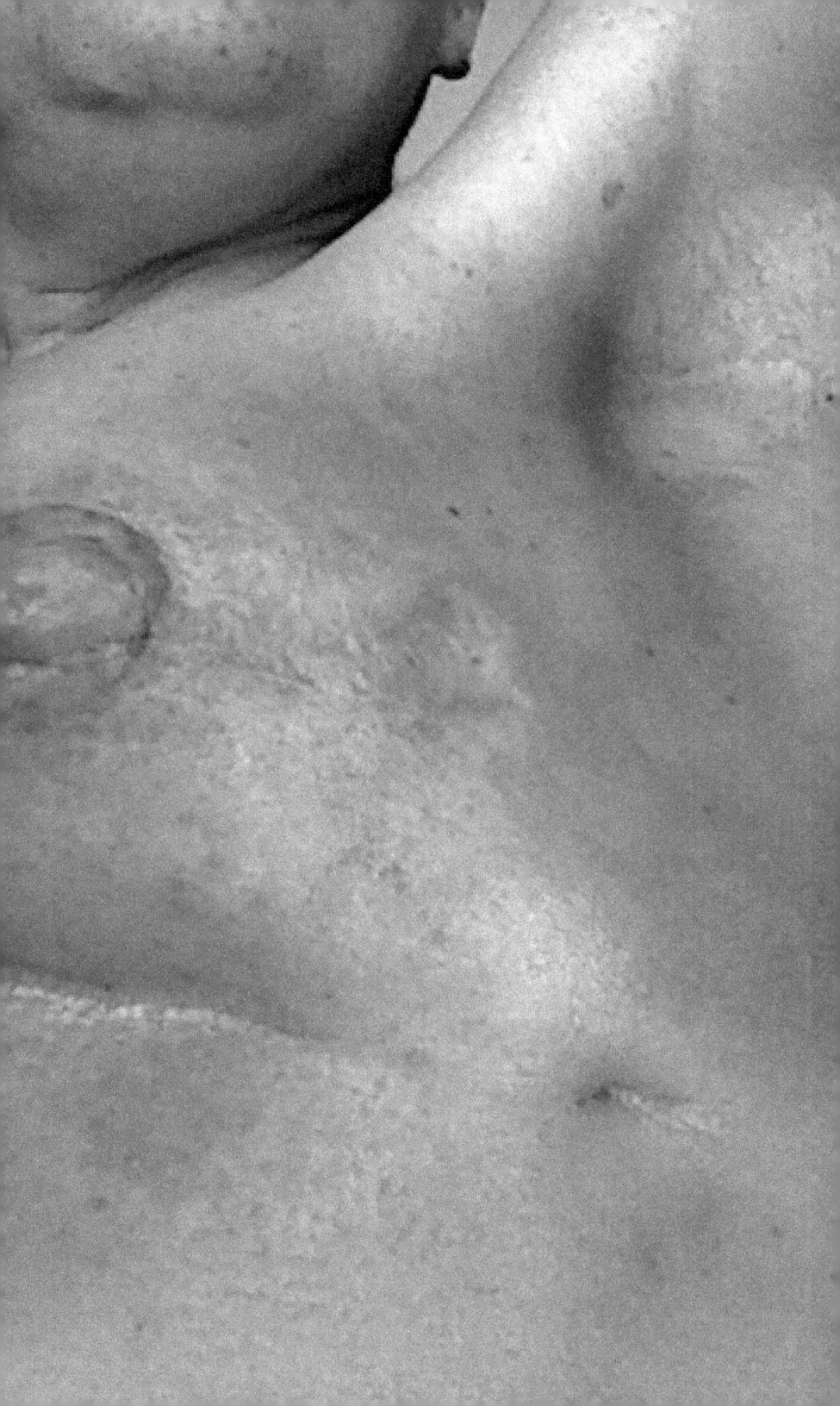

Casi todos los días me ponía aloe de hojas de sábila, lo cual me daba alivio porque es fresquito. Sin embargo, mi piel se iba poniendo negra y mis camisetas se iban manchando de amarillo.

PARÁLISIS FACIAL

Como bien se sabe, las quimioterapias y la radioterapia bajan las defensas, por lo que una gripe para los demás es una pulmonía o una neumonía para una persona como yo. Esta premisa hizo que dijera a las personas que me rodeaban que de sentir cualquier síntoma de gripe o influenza me avisaran para no ir a la oficina y evitar el contagio. Un día, la señora que me ayudaba en la casa, me dijo que tenía síntomas de gripe. Cuando llegué en la noche, no más entré al comedor, sentí ardor en la garganta y pensé: "Pucha, ya se me pegó la gripe".

Al día siguiente, cuando iba leyendo en el taxi hacia la sesión de radioterapia, empecé a sentir una molestia en el párpado de abajo del ojo izquierdo. Sentía que el aire entraba directo en el ojo. Me lo restregué de forma intermitente y al llegar al Instituto de Cáncer del ABC de Observatorio me fui directo al baño. Al verme en el espejo, supe que mi párpado de abajo estaba caído y mi boca también. Hice muecas frente al espejo y la mitad de mi cara no reaccionó. Entré en pánico. Con lo coqueta que soy, sentí un frío enorme en el cuerpo al sentir que estaba viviendo una parálisis facial.

Salí del baño y pedí que me viera la doctora Fabiola. Después de la sesión de radio, vino la doctora Fabiola y le describí lo que sentía y había visto en el espejo. Me examinó y me lo confirmó: "Sí. Tienes paralizada la mitad de la cara". Te sugiero ir con una neuróloga para que te diga cuál es el daño". Salí con una mezcla de sentimientos, casi todos ellos de terror, angustia y miedo a que el daño fuera irreversible o permanente.

Ese día llegaban unos amigos a la casa, porque en la noche jugaba México. Sin embargo, tenía ganas de meterme debajo de la cama y no hablar con nadie. Les expliqué lo que me había sucedido y, aunque fueron muy comprensivos, yo estaba devastada. Cuando hablaba o me reía, cubría mi cara con la mano para que no me vieran.

Al día siguiente, acudí con la neuróloga, quien me hizo muchas pruebas. Gracias a Dios el diagnóstico no fue neurológico permanente, sino un virus que se me había metido al sistema nervioso periférico, lo que indicaba que con ejercicios podría volver a recuperar la movilidad casi total de mi cara.

Recuerdo que no podía tomar nada tranquilamente, porque se me caía el líquido por la comisura de la boca, se me salía el agua cuando me lavaba los dientes y no podía pronunciar bien las palabras que tenían las vocales "o" o "u", ni podía dar besos ni sonreír a gusto, porque media cara se quedaba estática. Era una sensación muy triste y devastadora para alguien tan coqueta como yo.

Metódicamente, me dediqué a recuperar la movilidad, sobre todo de la boca. Empecé a hacerme masajes en el cachete, a tomar medicamentos y a tratar de inflar globos, diariamente varias veces al día. Con el tiempo, la disciplina y la constancia logré devolverle a mi cara un 95% de movilidad.

TERCERA CIRUGÍA

Esta cirugía consistió en cambiar el expansor por una prótesis definitiva. También me pusieron otra en el seno derecho para hacerla un poquito más grande y que, de este modo, quedaran mis senos del mismo tamaño. Esta cirugía no tuvo más novedad, pero por cosas del destino, mi metabolismo empezó a cambiar y empecé a subir mucho de peso. Ahora, además de estar más gordita, tenía unos senos enormes que no terminaban de encantarme y poco a poco, el seno izquierdo empezó a incomodarme y a desplazarse de su lugar.

CUARTA CIRUGÍA

Las semanas iban pasando y noté que la prótesis se empezó a mover hacia la clavícula, lo que me ocasionaba presión y dolor permanentes. Empecé a quejarme con Héctor por cómo me veía y cómo me sentía. Sé que me ama por ser quien soy y cómo soy, por lo que pienso y siento. Mi físico lo tenía sin cuidado. Sin embargo, muy condescendiente y amoroso me decía que no me preocupara, que me veía bien y que estaba viva.

Fue tal la disparidad que llegué a presentar que pedí cita con el oncólogo plástico porque ya no aguantaba la incomodidad. Tras examinarme, me dijo: "Sucedió lo que temía. Se está contracturando la prótesis y tenemos que hacer un colgajo". "¿Un qué?", le pregunté. "Se trata de tomar el músculo dorsal, lo desdoblamos y te dejamos la mitad en la espalda y la otra mitad nos la traemos para el pecho junto con piel para que tengas movilidad. Todo eso lo pasaremos por la axila. De este modo, te va a quedar en el seno un injerto con forma de ojo".

Procedimos a programar la cirugía y me dediqué a realizar todos los trámites con el seguro. Llegó el día señalado y empezó la cirugía. Estaba programada para tardar un máximo de dos horas. Por protocolo, en el equipo médico del doctor Castorena siempre llaman a mi esposo para mantenerlo al tanto de cuando la cirugía empieza, de cómo va el proceso, del fin de la cirugía, así como de mi traslado a la sala de recuperación.

Sin embargo, en esta ocasión pasaron dos horas, tres, cuatro, cinco y mi esposo no recibía ninguna llamada. Evita y Héctor me comentaron luego que empezaron a sentir mucha angustia e impotencia porque la zozobra se acrecentaba con el paso del tiempo. Todo parecía indicar que las cosas no iban bien. Afortunadamente, al cabo de seis horas y media llamaron a mi esposo y le dijeron que en ese momento me estaban pasando a recuperación.

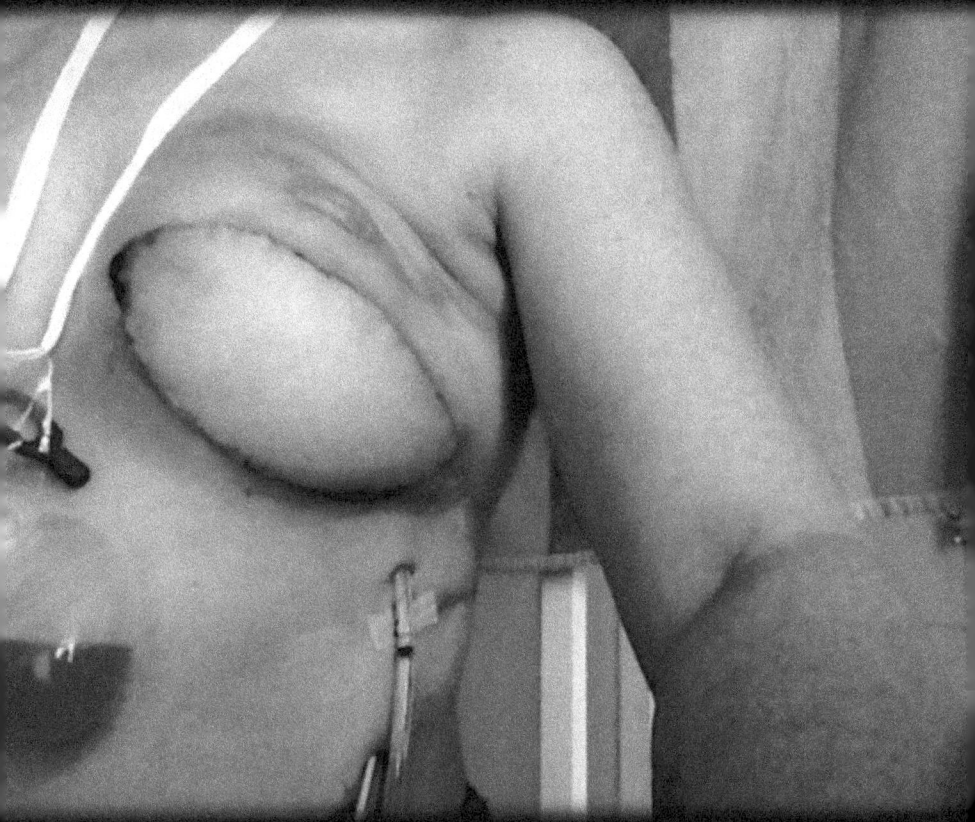

Lo que supe después es que la cirugía fue extremadamente complicada. La piel interna y el músculo pectoral estaban totalmente calcinados y sólo me quedó un centímetro de piel entre las costillas y la piel externa. Tuvo que raspar y colocar grapas para sostener lo que pudo rescatarse. Dice el doctor que, cuando me abrió, sonó como abrir un frasco al vacío. La piel y el músculo estaban quemados debido a la radiación y al calentamiento de la válvula del expansor, la cual es de metal.

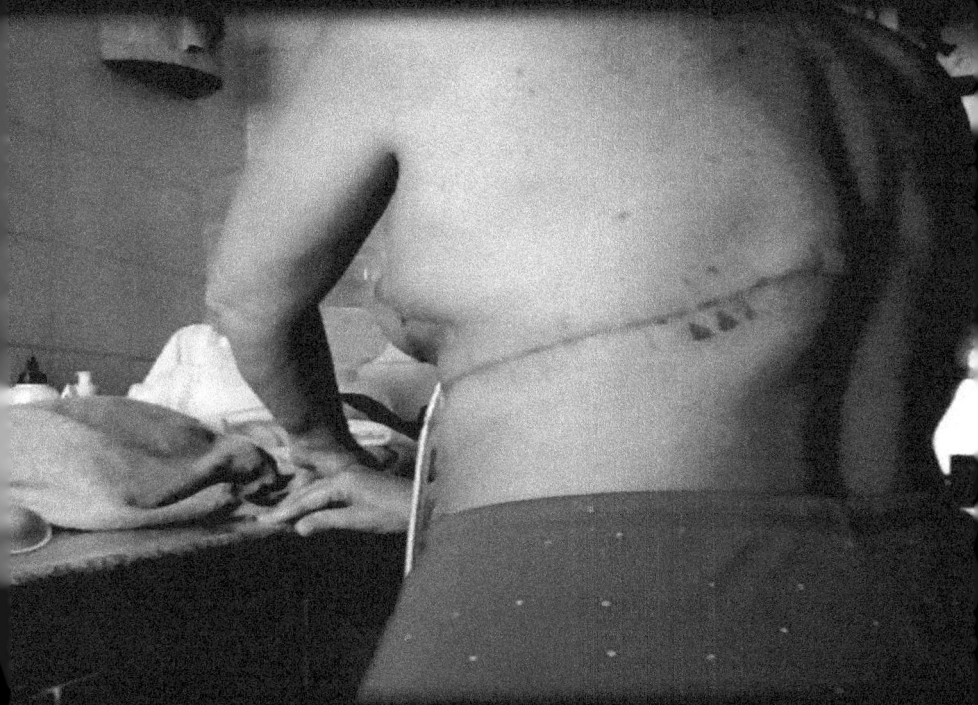

Tenía además una herida de cuarenta centímetros de largo, que iba de la columna vertebral al centro de las costillas izquierdas. En el seno había una prótesis permanente con solución salina y piel nuevecita en forma de ojo con veinticinco centímetros de diámetro. Me dejaron dos drenajes que fueron quitados quince días después.

A los cinco días empecé a sentir molestia en la espalda. Llamé al doctor y vino a verme a la casa y, como me habían puesto tiritas de microporo de forma vertical para sostener la herida, empezó a quitarlas con la sorpresa de que las del medio se desprendían con todo y piel. Así, descubrimos que soy alérgica al pegamento de los adhesivos. Tenía en carne viva tres de las tiritas de microporo. Por dicha, las heridas más horribles no me causaban dolor, pues por los cortes me quedé sin sensibilidad en esta zona.

Otra consecuencia de la mala praxis de esta cirugía es que tuve una "pelota" o un levantamiento de piel como de 30 centímetros, al lado izquierdo de la columna, que no desapareció sino hasta unos seis años después. En la fotografía anterior es claramente visible.

Pasaron tres semanas y los puntos de la herida del colgajo que estaban cerca del esternón no se cerraban. Recuerdo estar sentada con Héctor en la cafetería del MET en New York y llamar al doctor para comentarle esta situación; su respuesta fue que no me preocupara, que cuando regresara a México fuera a verlo.

Fui a consulta 8 días después y las heridas estaban ya casi cerradas, a lo que su comentario fue: "Creí que no te iba a pegar el injerto. Qué bueno que finalmente sí".

Cuando la herida del colgajo finalmente cerró, se hizo una cicatriz espantosa: saltona, ancha, rojiza y con dolor y/o permanentes. Por años busqué qué hacer, hasta que hablando con Carele, una compañera de la oficina me recomendó buscar unos parches de silicón transparentes o de color piel para cicatrices. De hecho, me trajo un pedacito El único problema es que no lo vendían en México, sólo en Estados Unidos. Le mandé la información a mi hermano para que me lo buscara y me lo comprara. Al poco tiempo, llegó un paquete a mi casa con parches de silicón de todos tipos y tamaños que Rudy me había comprado. Han pasado 12 años y aún me queda un pedacito de uno de ellos.

El aspecto de la herida cambió mucho con los parches de silicón. Lo que no se corrigió fue una adherencia de más de un centímetro de ancho que venía de la clavícula hasta el centro del colgajo. Siempre creí que era un tendón y no: Era una adherencia. El dolor del pecho y el brazo al levantarlo hacia el costado o hacia arriba era insoportable. Ya no podía nadar ningún estilo, no podía levantar nada sin dolor. La presión mínima en la parte baja de la axila podía postrarme del dolor.

Con la intervención del nuevo cirujano reconstructivo plástico y oncólogo la cicatriz mejoró notablemente.

Olvidaba contarte que a la semana de esta cirugía empecé a ver que tenía unas manchas rojas debajo del colgajo y a los dos días ya se había extendido hacia el esternón y al seno derecho. Me tomé una foto y se la mandé al doctor. Me devolvió la llamada y me dijo que seguro se me había metido una bacteria en el quirófano y eso era una celulitis infecciosa. Me mandó antibióticos que tomé por 45 días, porque la zona rojiza no se hacía más pequeña ni desaparecía.

"Al perro flaco se le pegan las pulgas", ¿no?

SIGUIENTES CIRUGÍAS DE MAMA

Pasaron los años y seguía viendo mi imagen en el espejo de forma dispareja, pero me resignaba, repitiéndome que estaba viva y que eso era suficiente. Sin embargo, nunca me gustó lo que veía y no quería hacerle caso a la gente que me decía que me habían operado mal.

Un día hablando con el doctor Castorena, le comenté que no me gustaba como me había dejado el doctor Salom y que me veía "destramada". Me contó que ya no trabajaba con él por múltiples razones vividas en los últimos años y que ahora colaboraba con otro cirujano oncólogo reconstructivo plástico muy bueno llamado Nicolás Domínguez.

Me esperé un tiempo, tomé ánimo e hice una cita. Cuando me recibió, le dije: "¡Es usted!", y se sorprendió por el comentario. Resulta que un par de veces, esperando para que me hicieran algún examen en el área de imagen molecular del Hospital ABC de Observatorio, vi pasar por el pasillo al doctor Nicolás con unos médicos e iba conversando y sonriendo. Entonces, pensé: "Qué sonrisa más bonita tiene ese doctor".

Tan pronto se lo dije, se puso rojo, cosa que me gustó, porque eso me decía que trataría con un hombre sensible y de buen corazón.

Me desvestí de la cintura para arriba y en presencia de su asistente Diana, me revisó, me examinó y me hizo muchas preguntas. Al terminar, me comentó las opciones que existían y cuáles podían ser los pasos por seguir.

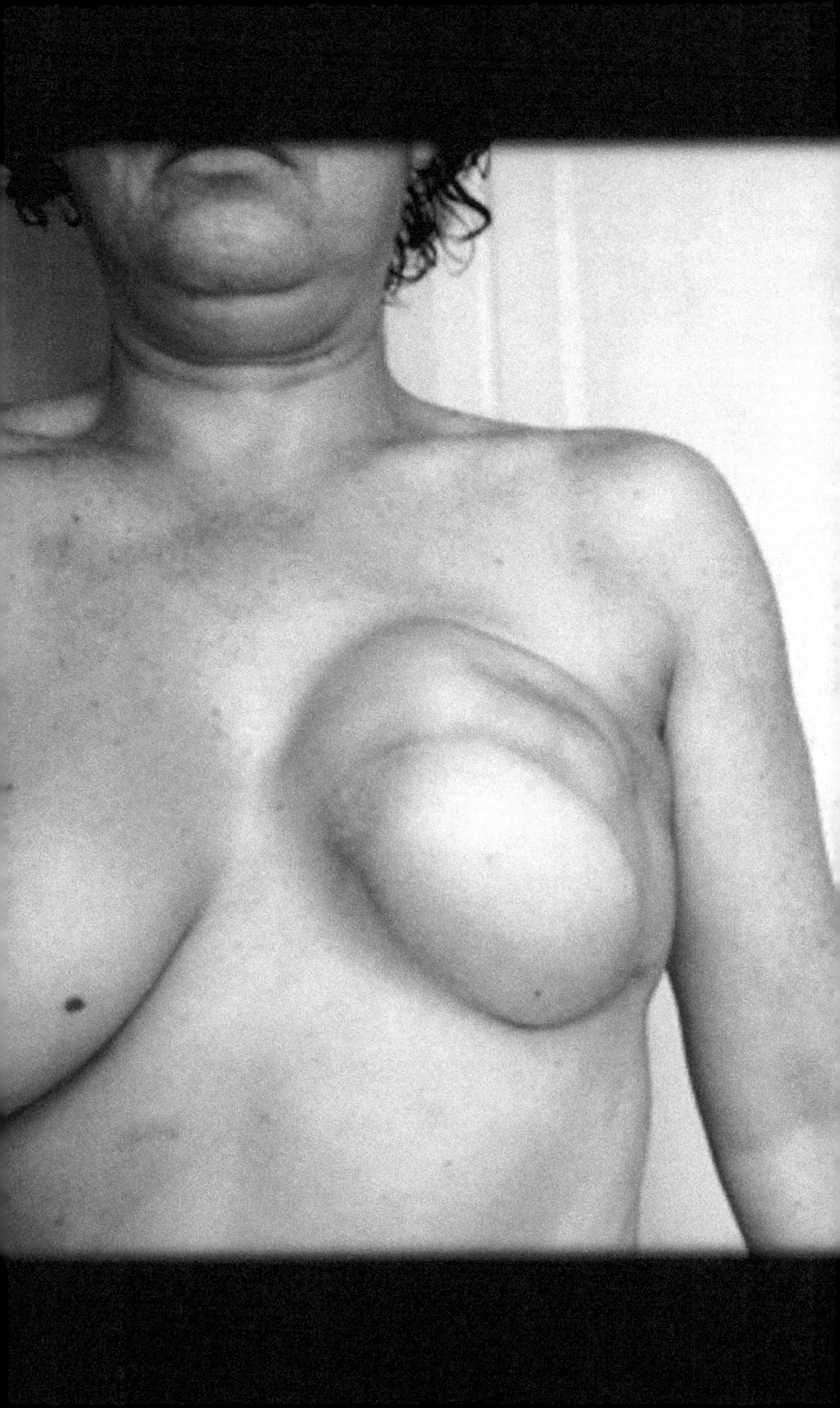

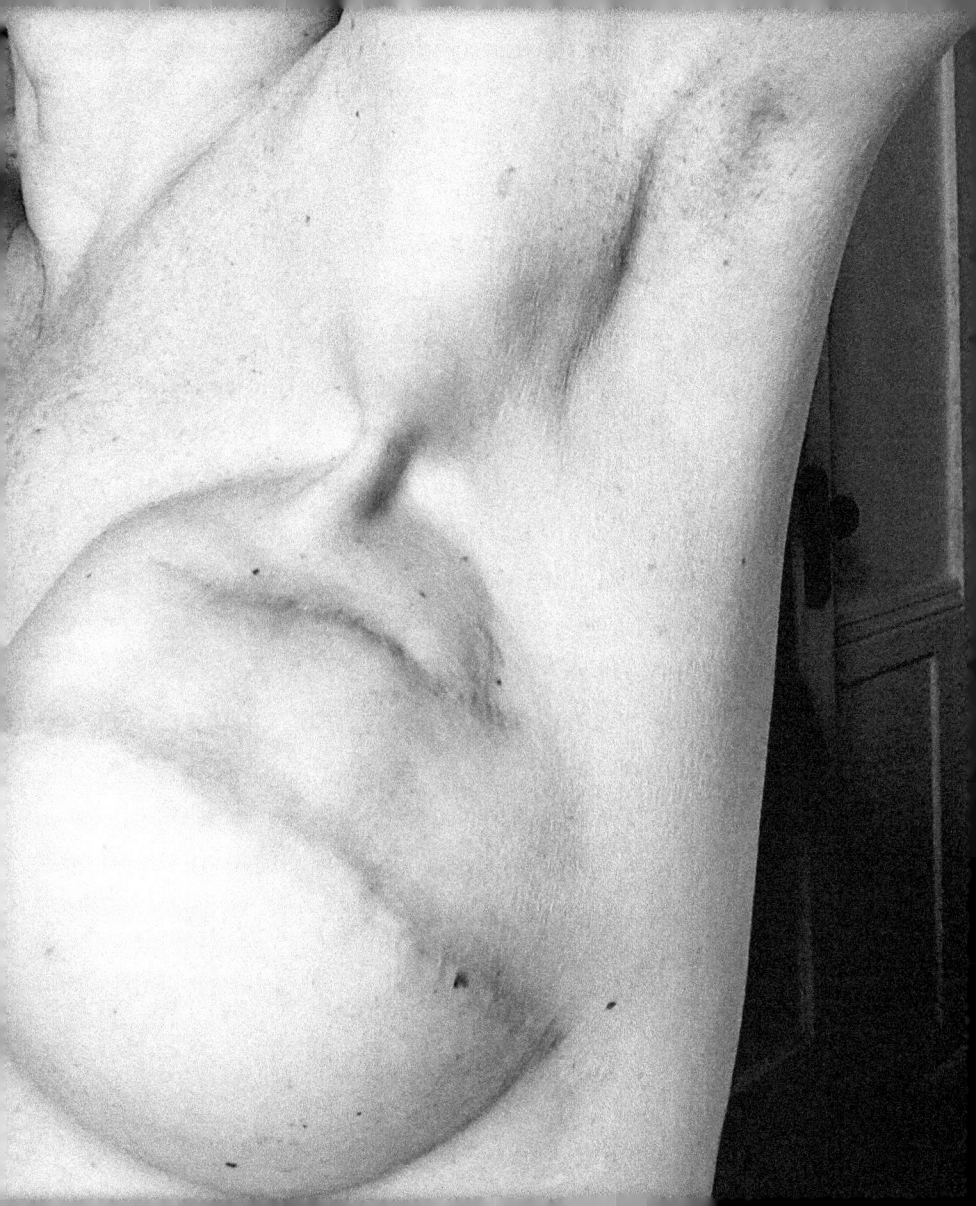

"Sí hay solución", comentó. "Podemos hacer esto, esto y esto, sólo que nos va a tomar tiempo". Lo vi a los ojos y le dije: "¿De veras me puede ayudar? No quiero verme así, doctor". "Claro que sí", respondió mientras sonreía con esa sonrisa maravillosa que tiene. Dejé caer todo el peso emocional y psicológico que había cargado por años y me puse a llorar. Tenía tantas emociones juntas que no sabía qué hacer. Diana y el doctor Nicolás me mostraron una sonrisa de empatía y solidaridad que quedaron grabadas en mi corazón para siempre.

Empezamos los trámites con el seguro y planeamos la cirugía. Teníamos que ser muy hábiles, porque la reconstrucción, desde el punto de vista del seguro, ya había sucedido y debíamos probar que había sido un proceso mal hecho. Vivía con dolor permanente, además de estar asimétrica, con hundimientos cerca de la clavícula y con el frente de mi seno más cerca de la axila.

El primer gran cambio que tuve fue que me pusieron una matriz dérmica. Es decir, piel humana sin ADN, lo que deja el tejido adiposo como una red. Esa matriz se utiliza para sostener grasa extraída de otras partes del cuerpo, con la finalidad de rellenar el espacio.

Al día siguiente de la primera cirugía con el doctor Nicolás, me atreví a mirarme al espejo y por fin me vi simétrica y bellísima. El seno izquierdo estaba precioso, redondito, en su lugar, y de un tamaño acorde conmigo. Me sentía sumamente feliz. Las cicatrices nuevas y viejas eran una raya más al tigre. Con ropa, me iba a ver como cualquier mujer sana y con senos naturales y eso era lo único que me importaba.

Durante tres semanas, tuve mi brazo izquierdo en un cabestrillo para evitar moverlo y que la grasa autóloga que me habían colocado se fuera del seno. Con el tiempo, la matriz dérmica y la grasa le dieron forma y consistencia de seno normal. Lo triste de la historia es que, con tanta cirugía y tanta cicatriz, la zona perdió muchísima sensibilidad.

Los senos son zonas erógenas muy importantes para la mujer y para mí siempre fueron fundamentales en mi satisfacción sexual. Sin embargo, ahora debía asimilar que mi vida, en este aspecto, nunca más sería la misma.

Transcurridos varios meses, el doctor Nicolás y yo planeamos la siguiente cirugía para seguir corrigiendo.

CIRUGÍAS NO DE MAMA

El cáncer y su tratamiento te pasan factura, lo quieras o no. Por más de de doce años -y aún me faltan tres más- he vivido a punta de tamoxifeno, una quimiecita que te ayuda a prevenir el cáncer hormonal de mama. Sin embargo, este fármaco degeneraba mi organismo a través de una secuela de mareos y migrañas a tal grado de no tolerar los ruidos ni la luz. Había momentos en que me fallaba la vista. La piel se convierte en una piel muy fina, lo que a veces es conocido como "piel de cebolla". Es muy complicado vivir diariamente con esos efectos secundarios, por lo que el doctor Serrano me recetó otro medicamento para contrarrestarlos. Los chequeos con el oncólogo clínico son mensuales por cinco años. Posteriormente, cada tres meses por dos años y luego cada semestre de por vida. En mi caso, cuando empecé a tener mis chequeos trimestrales fue cuando empezó a aparecer todo. Con los chequeos me refiero no sólo a ir a ver al doctor, sino a hacerme una batería de exámenes de laboratorio e imagen molecular que varían cada mes y cada trimestre, aunque los exámenes de sangre tocan siempre en todos los chequeos. En un chequeo trimestral me tocaba un ultrasonido pélvico y todo salió bien. Al trimestre siguiente apareció lodo biliar y piedras en la vesícula. A las tres semanas me operaron para quitarme la vesícula.

Mi mamá tiene unas várices enormes, por lo que siempre he vigilado muy bien las venas de mis piernas. Al costado de la rodilla derecha tenía unas venitas moradas y una empezó a saltarse un poquito. Al mismo tiempo, me empezó a picar el muslo, como si me hubiera picado un zancudo. El día de mi chequeo trimestral, mientras me estaba bañando, vi que, al estar de pie, se hacía un bultito en el muslo, pero no dolía ni se veía nada. En la consulta de chequeo le dije al doctor Serrano, mi oncólogo clínico, acerca de la venita de la rodilla y del bultito y la picazón en el muslo. Tras revisarme, me dijo:

"Marta, eso es la misma vena. Te vas a ver a un doctor vascular la semana entrante". Tras acudir con el doctor vascular, recibí el diagnóstico: "principios de trombosis". A las dos semanas me estaban cauterizando la vena safena del tobillo a la ingle en la pierna derecha.

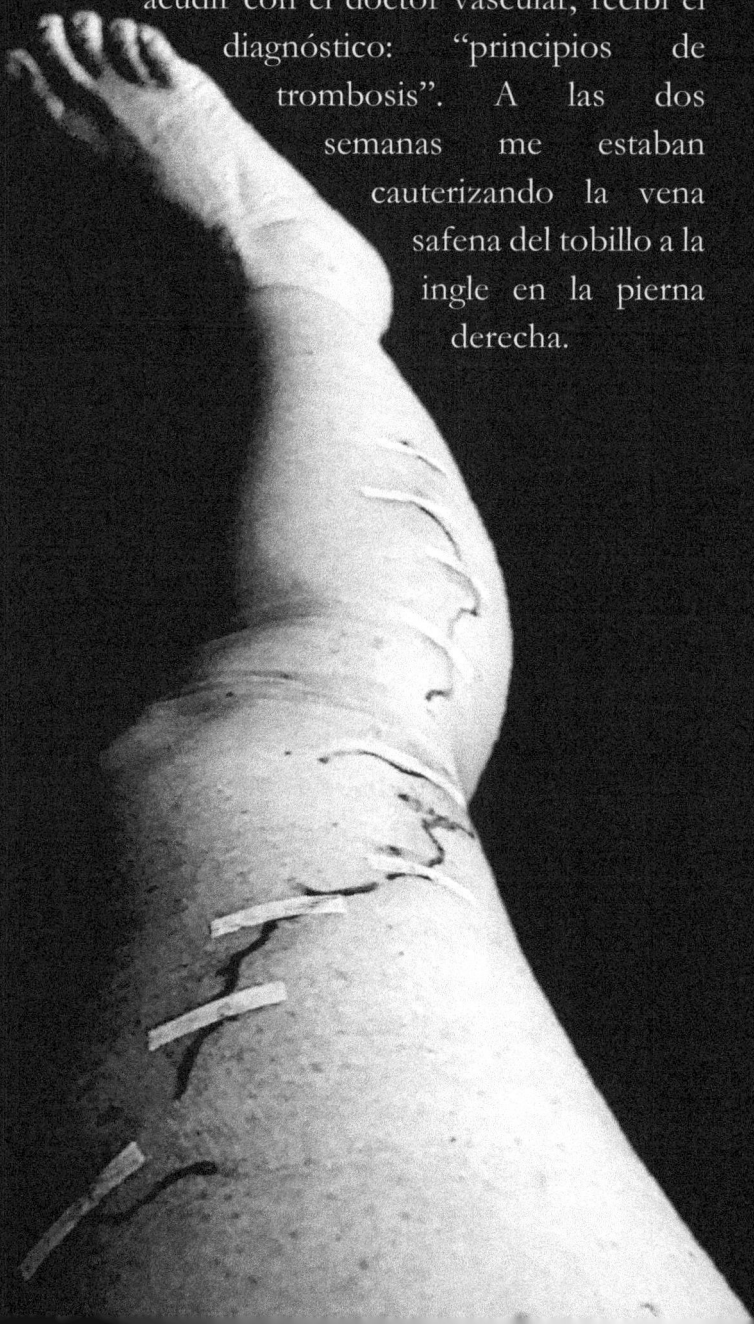

A los dos años de eso, me empezaron a molestar los meniscos de la pierna derecha. Resultado: operación por artroscopía de la rodilla derecha por ruptura de meniscos. Al año, empezó a dolerme mucho la rodilla izquierda. Semanas después fue la operación por artroscopía de la rodilla izquierda por daño en los meniscos.

Así, mi vida transcurría entre cirugías de mama o cirugías de otra cosa. Terrible. Prueba, tras prueba, tras prueba. Todas con anestesia total y todas con hospitalización de dos días como mínimo.

En septiembre del 2019, una semana antes de irme a Costa Rica a dejar a mi tía en una residencia para adultos mayores, recuerdo que al caminar sentí un tirón horrible en la parte de atrás de la rodilla y la pantorrilla. Sin embargo, seguí con mis mandados para llevar cosas a Costa Rica. En Costa Rica era un suplicio caminar, bajar y subir escaleras, y agacharme se volvió imposible. Se lo adjudiqué al estrés y la tristeza por sacar a mi única tía con Alzheimer de su casa para llevarla en una residencia de personas de la tercera edad, a una subida violenta de peso, o al "dolorcillo" que me había dado una semana antes.

La noche antes de regresar a México, cuando estaba leyendo sobre la cama, me vi las piernas y la derecha tenía moretones desde el tobillo hasta la rodilla, tanto por delante como por detrás. Le mandé una foto a mi ahora amigo el doctor Castorena y le comenté lo que pasaba. "Marta, tiene todo el aspecto de ser una trombosis. Mañana, cuando te subas al avión, vas a caminar cada quince minutos por diez minutos, y me llamas cuando llegues a México". Cuando aterricé no podía caminar. El dolor era insufrible. Le había pedido a uno de los choferes de la oficina que fuera por mí. Mientras estaba en la fila de la aduana, lo llamé: "Willie, por favor, meta el carro al estacionamiento y venga por mí a la salida del vuelo porque no puedo caminar. El dolor que traigo es insoportable". Llamé al doctor Castorena: "Tranquila, yo me encargo". A los pocos minutos, me explicó que había hablado con un doctor vascular y que debía de acudir a emergencias del hospital ABC de Santa Fe. Volví a llamar a Willie y, entre lágrimas y un dolor intenso, alcancé a decirle: "Un doctor vascular me está esperando en el ABC de Santa Fe. Lo veo afuera". El muchacho que estaba detrás de mí oyó mi conversación y me dijo: "Señora, venga. Con permiso, la señora trae una emergencia, con permiso". Poco a poco, fue haciendo campo hasta que llegamos al inicio de la fila en la aduana y nos dejaron pasar. "Deme una tarjeta. Deme algo con lo que yo me pueda comunicar con usted después. Por favor". El muchacho abrió su billetera y me dio su tarjeta de presentación. "Muchísimas gracias de corazón. No sabe lo que hizo por mí. Luego me comunicaré con usted", le confesé muy conmovida, llorosa y con la voz totalmente quebrada. Cuando salimos, Willie me estaba esperando y me solté a llorar: "No aguanto, Willie, ayúdeme".

Recuerdo que el muchacho se llamaba Mauricio y que vivía o trabajaba en Monterrey. Muchas semanas después de mi calvario, le escribí la siguiente carta, la cual mandé con unos chocolates de Costa Rica.

Ciudad de México, 10 de febrero de 2020

Hola Mauricio:

¿Cómo está? Hace muchas semanas estoy por escribirle, pero por una u otra razón, se me ha complicado y la verdad no quiero que pase más tiempo. Soy Marta Santamaría. Soy la persona que usted ayudó en Aduanas del Aeropuerto Benito Juárez en el mes de noviembre, pues traía un posible cuadro de trombosis y debía irme directamente a emergencias del hospital ABC de Santa Fe para que me atendieran, pues el dolor que tenía era insoportable.

Usted me ayudó a cargar mi maleta y a pasar rápido por los Rayos X de la aduana. Cuando salimos usted le dio la maleta al chofer de la oficina que me esperaba y entre lágrimas de dolor le pedí su tarjeta ¿Ya se acordó?

Gracias a Dios no fue una trombosis, pero sí una ruptura total de los meniscos y los abductores de la pierna derecha junto con una ruptura de un quiste de Baker, que me llevaron a una cirugía unos días después. Me encuentro en recuperación ahorita.

Quería contarle que lo pienso casi todos los días, pues gestos, como el que usted tuvo conmigo, ya es muy inusual verlos. Le agradezco infinitamente su gentileza, su calidez y su amor por los demás. Qué Dios lo llene de bendiciones y le permita seguir extendiendo su calidad humana. Por favor, no cambie nunca. El mundo necesita personas como usted. Cuando necesite algo en la Ciudad de México, no dude en buscarme por favor. Estaré muy complacida de poder devolver el favor desinteresado que usted tuvo conmigo.

Reciba un cordial saludo. Que pase un lindo día. Un abrazo cariñoso,

Marta E. Santamaría Marín
Directora de Bienestar
Konesh Soluciones[3]

Willie y yo llegamos a emergencias del Centro Médico ABC de Santa Fe unas dos horas después pues había un tráfico espantoso. Cuando me identifiqué en la recepción, ya me estaban esperando; me pasaron directamente a una camilla de emergencias y ahí estaban los dos

---

[3] *Quité mis datos personales para proteger mi privacidad.*

cardiólogos vasculares. Me vieron las piernas y me hicieron muchas preguntas. Tenía muchos moretes en la pierna izquierda pero más en la derecha. Solicitaron un ultrasonido de ambas piernas. Mientras me lo estaban haciendo, ambos doctores estaban conmigo y, después de mucho revisar, determinaron que mi problema era ortopédico y no vascular.

Me preguntaron si conocía a un ortopedista o ellos llamaban a uno. Me acordé del ortopedista que me había hecho las dos artroscopías años atrás y lo llamaron. Afortunadamente, aún estaba en el hospital. Para esto ya había llegado Héctor que venía de una comida de negocios y también tardó horas en llegar.

El doctor Carlos Juárez vio las imágenes y determinó que tenía una ruptura total de los meniscos y los abductores de la pierna derecha junto con un quiste de Baker que se había reventado y un astillamiento en el fémur producto de la ruptura de los meniscos. En la pierna izquierda había una ruptura leve de meniscos. A continuación, me dijo: "Estás mal. Puedo operarte ahorita o mañana". La cara de Héctor era un inmenso no, por lo que decidí explicar: "Mire, vengo llegando ahorita de Costa Rica y viajé sola. Deme oportunidad de llegar a mi casa unos días y prometo que voy a buscarlo". El doctor estuvo de acuerdo y me dio medicina para el dolor y para desinflamar. Tras pagar una cuenta enorme, típica de un hospital privado que te atiende en emergencias, nos fuimos a casa y a los pocos días asistí a consulta con el doctor Juárez.

Ya con más calma me dijo que lo que tenía sólo se podía solucionar con una prótesis de rodilla y eso no lo hacía muy feliz porque yo sería el paciente más joven que tendría, pues las prótesis de rodilla se ponen, generalmente, después de los 60 años. Cuando me enseñó la prótesis, sentí un nudo en la panza. Era enorme. El doctor llenó los papeles del seguro y planeamos la cirugía para el 28 de diciembre del 2019. Aún hoy no entiendo cómo me lastimé tan severamente y no cedí ante el dolor.

Supongo que la tristeza por dejar a tía en una residencia, sabiendo en el fondo de mi corazón que jamás regresaría a su casa y no volvería a disfrutar las cosas que con tanto cariño y esmero había atesorado por tantos años, me partía el alma y me hacía llorar inconsolablemente.

Alguien me mandó un video animado de lo que era poner una prótesis de rodilla y confieso que las imágenes no me dejaron dormir por días. El fémur es el hueso más grande y duro del cuerpo humano. Para colocar la pieza de arriba deben cortar la base del fémur para hacerlo plano. Luego, con un taladro, hacen un hueco de cinco centímetros de largo por uno de ancho para atornillar la pieza de arriba. En la tibia se hace exactamente lo mismo y entre ambas piezas se coloca una pieza de silicón que sustituirá a los meniscos. Finalmente, deberán medir las piernas para que ambas queden exactamente del mismo tamaño.

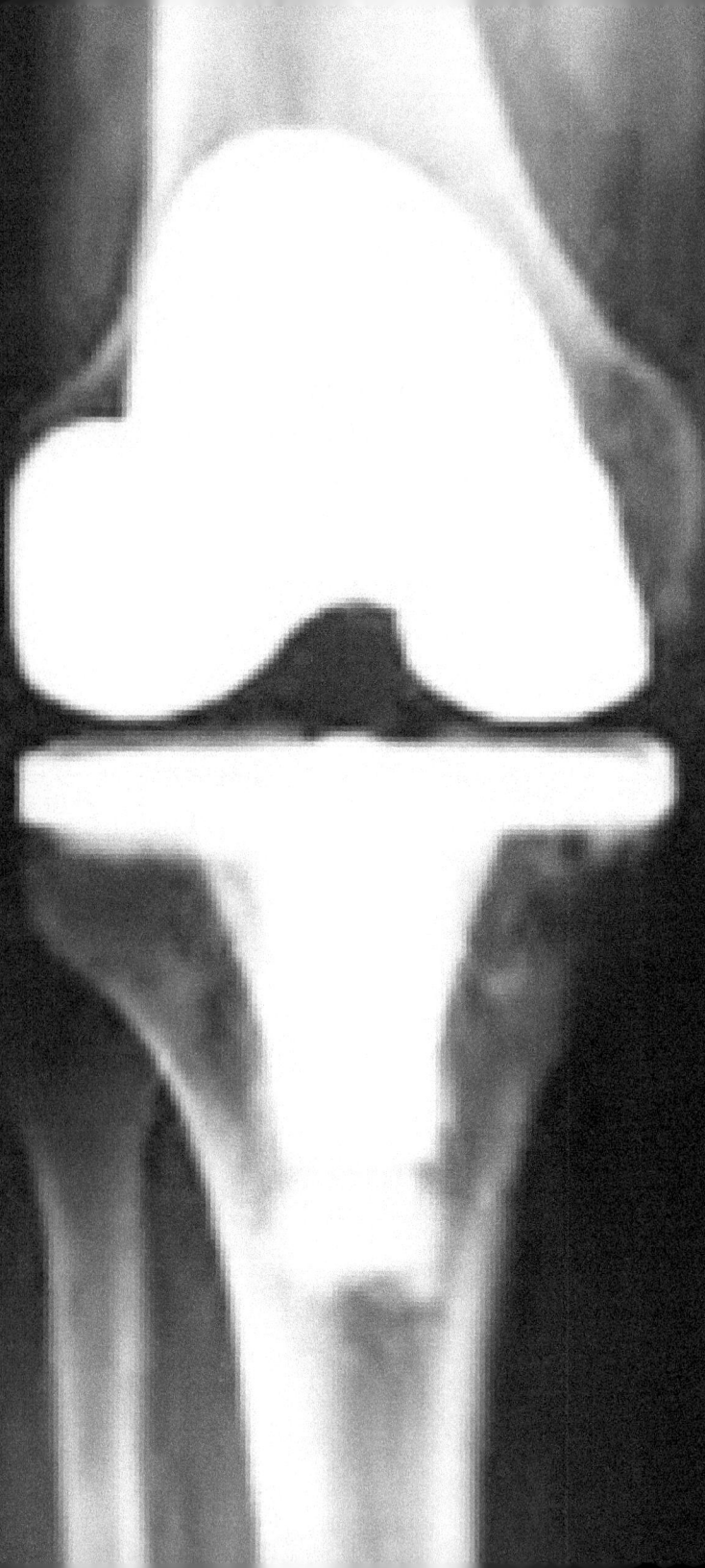

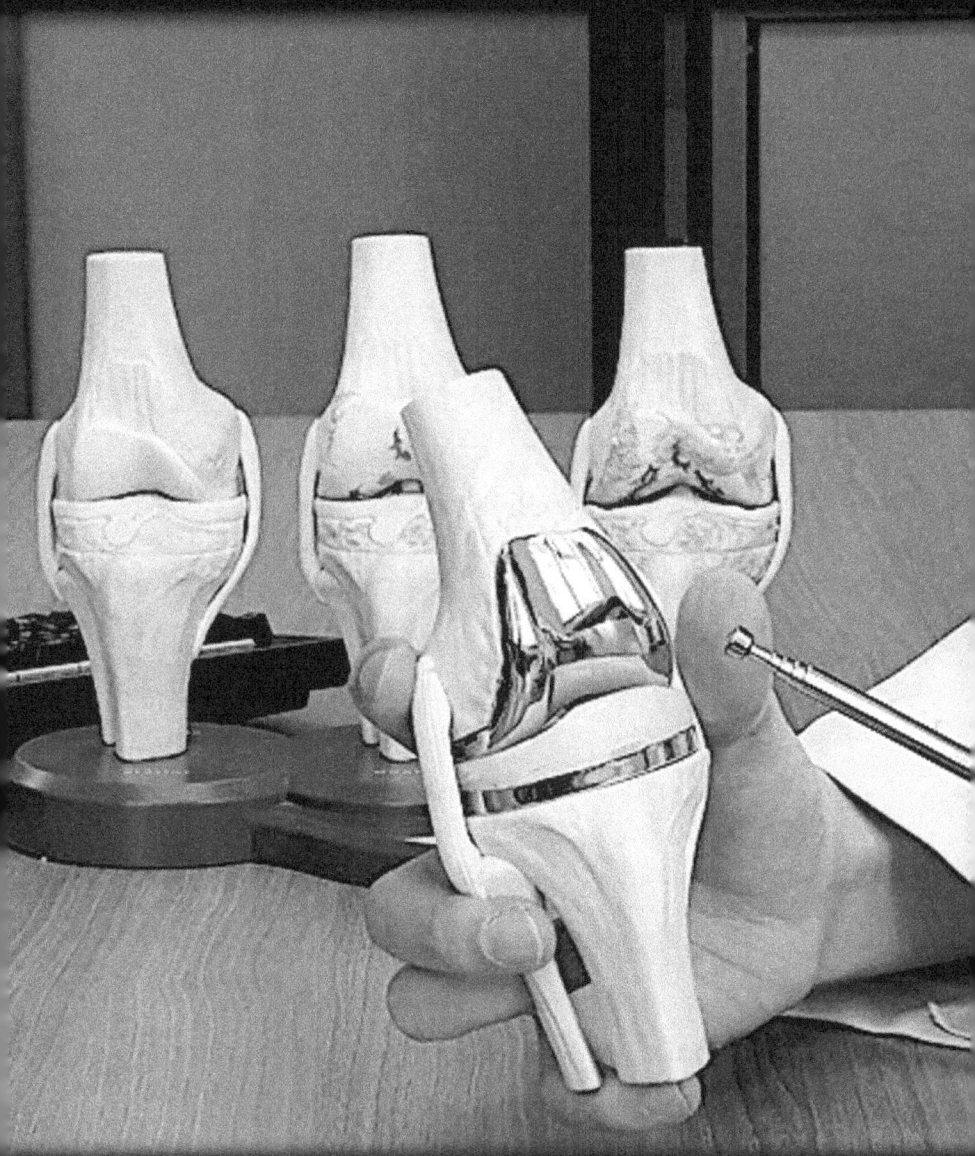

Desde el punto de vista médico la cirugía fue un éxito. Sin embargo, a mí me dolía hasta el alma. Tenía mi pierna sobre una almohada, estaba vendada y sentía muy rara la pierna izquierda, como dormida. Supuse que era producto de tener tanto dolor en la derecha.

En la tarde llegaron los fisioterapeutas para hacer movimientos con la pierna. Los poquitos que me pidieron los hice. Al día siguiente, vinieron para que me pusiera de pie. Fue todo un acontecimiento moverme de la cama. Cuando ya estaba de pie, con ayuda en mis axilas y en mi espalda, y tras apoyar la pierna izquierda, me fui directito hacia el piso. La pierna izquierda (la buena) no me sostuvo y entré en pánico.

Me ayudaron a incorporarme y entre tres personas me volvieron a colocar en la cama. Estaba muy desconcertada. Empecé a llorar y a temblar incontrolablemente. Héctor, mi esposo, se puso muy nervioso y "para variar" enojado. Me pedía que me tranquilizara, pero simplemente no podía.

Después de unos minutos de tratar de controlarme, el llanto cesó, pero la temblorina no. Llamaron al doctor residente. Después de un rato llegó, me hizo algunas preguntas y unas pruebas. "En la cirugía le pusimos una epidural para dormir la pierna derecha, pero parece que fallamos por un poco, tal vez un milímetro y dormimos la pierna izquierda. Se la voy a quitar, porque no está cumpliendo su función, que era mantener su pierna derecha sin dolor".

Me sentaron y con mucho cuidado me quitaron un agujón de unos veinte centímetros de la espalda. Me empezaron a dar analgésicos más fuertes y esperamos dos días a que se "despertara" la pierna izquierda. Posteriormente, comencé a practicar los ejercicios de fisioterapia. Eran ejercicios muy sencillos, pero muy difíciles para mí. Cada vez que me exigían un poco más, era peor el dolor. Inconscientemente el mensaje que llegaba a mi cabeza era: "No vas a poder caminar" e instantáneamente empezaba un nuevo ataque de pánico. No sé qué hubiera hecho sin el apoyo y las conversaciones de mi terapeuta psicológica Stephanie Barber. Ella, con su profesionalismo y su cariño, me fue acompañando y guiando hacia el equilibrio emocional por medio de mensajes de WhatsApp.

Se acercaba el fin de año y no se veía para cuándo podría salir. Así que mi esposo y yo pasamos la última cena del año en el hospital, donde se hizo una cena especial para mí y para Héctor, y supongo que igual para todos los pacientes y familiares que estaban en el hospital como nosotros. Sagazmente, Héctor logró meter una botellita de champaña y brindamos en mi cama junto con las enfermeras que estaban terminando el turno. Los dos sentados en mi cama oímos y vimos algunos juegos de pólvora.

Estuve seis días más en el hospital hasta que me dieron la salida. Tenía una herida vertical de unos 32 centímetros de largo con algunos puntos y muchas grapas.

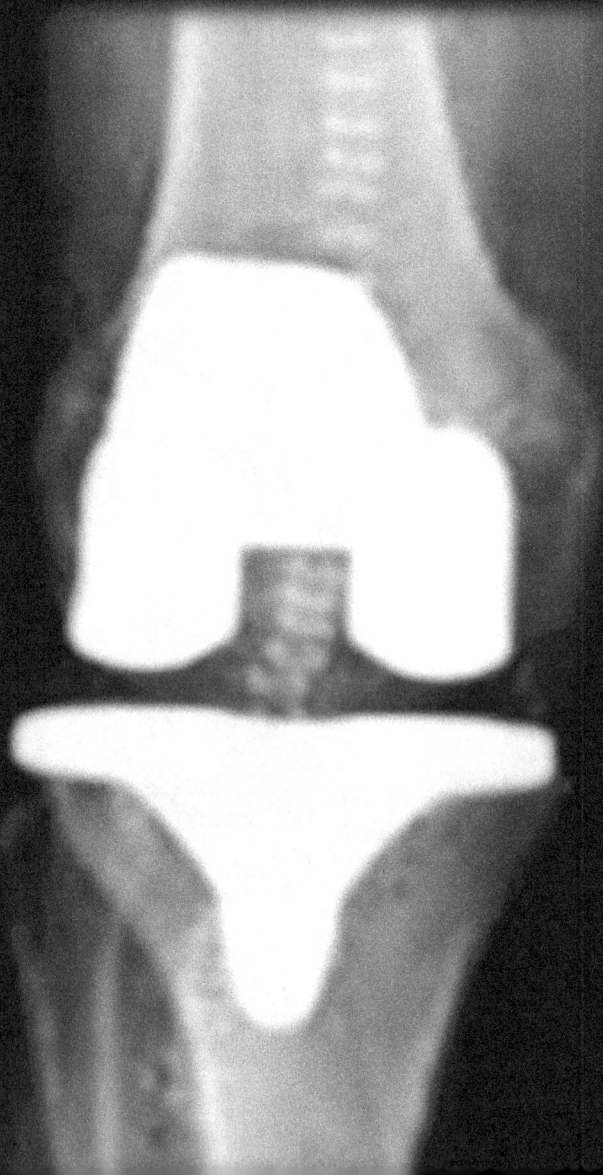

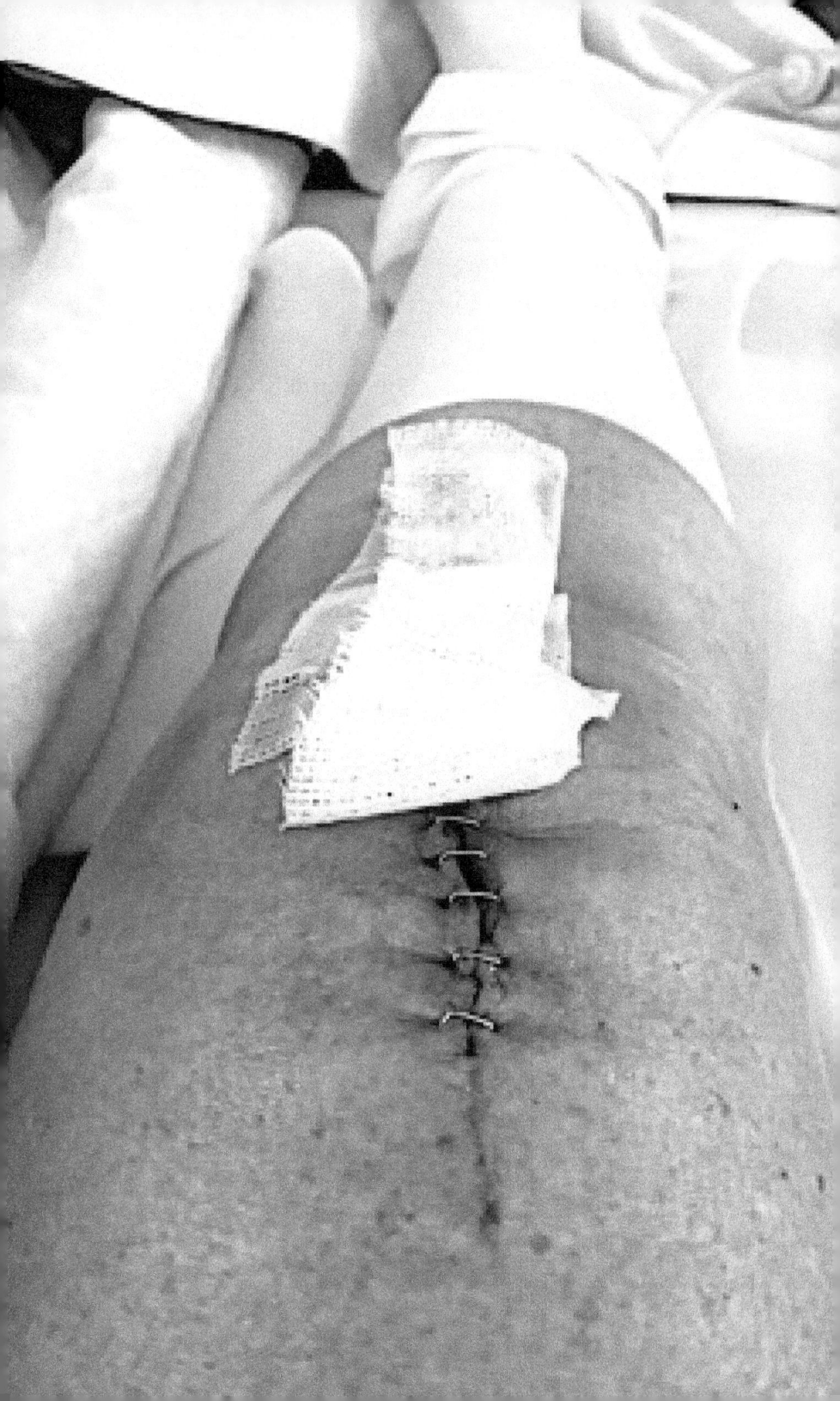

Parte de las sesiones de fisioterapia consistieron en aprender a movilizarme eficazmente con la andadera, las muletas y el bastón. Salí del hospital con los tres más un aparato de agua fría que para poder realizar sesiones de enfriamiento de la rodilla casi permanentes similares a las que recibía mientras estaba internada.

Mi casa es de dos pisos y parte de la enseñanza en el hospital fue aprender a subir y bajar las escaleras. Es todo un arte. Lo complicado y doloroso se concentraba en la flexión, la cual no se doblaba ni se estiraba más de 20 grados. Por lo rígido de la postura parecía tener aún la almohada atrás de la rodilla; es decir, levemente doblada.

Ir al baño era muy complicado porque las tazas del excusado están más abajo que una silla estándar y al no poder doblar la rodilla era un suplicio de dolor e incomodidad. Y si le sumamos la quitada o puesta de la ropa, se convertía en una tarea física y psicológica muy desgastante.

No podía estar más de veinte minutos sentada o parada, porque el dolor era insoportable. Alquilé una máquina que ayudaba a flexionar la pierna y tenía que usarla tres veces al día. Nunca pasé de 70 grados de flexión, lo que hacía que no pudiera bajar o subir una escalera sin dolor ni apoyo en un solo pie. Semanalmente, acudía para que me viera el doctor. A los quince días, me quitaron las grapas. Creí que iba a doler horrible, por lo aparatoso que se veía, pero no fue así.

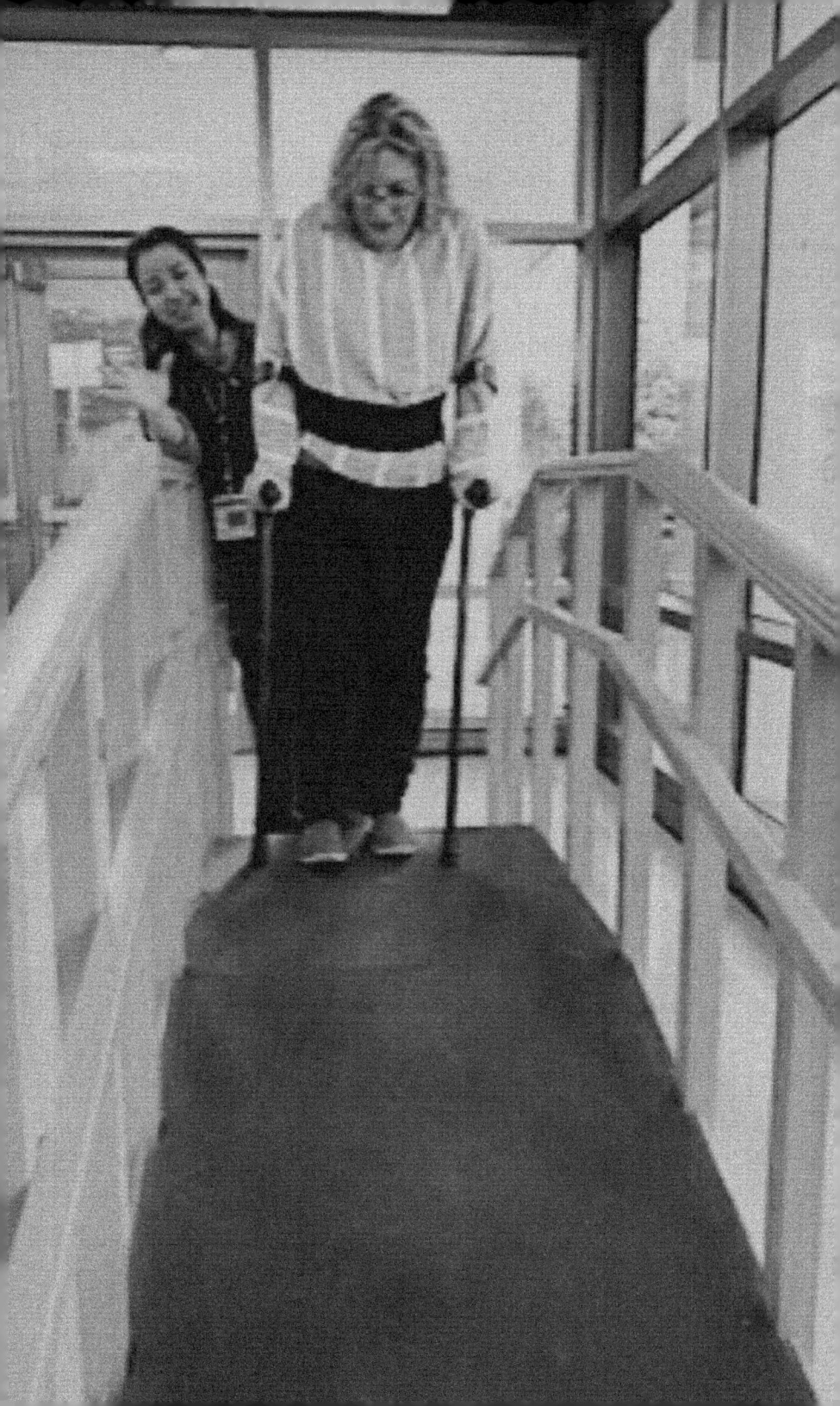

Fui a sesiones de fisioterapia todos los días por unos 40 días seguidos. El dolor era muy fuerte y el progreso pésimo. Empecé tomando ocho gotitas de un opioide, llamado Tramadol, cada cuatro horas y terminé con veintinueve gotitas, más una Tylex de 750 miligramos. Con todo eso el dolor bajaba, pero nunca se me quitó.

Después de tres meses de este calvario, recuerdo pedirle al médico: "Doctor: haga algo. Esto no es vida. No me puedo sentar, no puedo estar parada, no puedo dormir, no puedo descansar, no puedo trabajar y el dolor no se va".

Recuerdo que los médicos, amigos míos de todos mis procesos de mama, me veían muy minada. El doctor Nico, que tiene una especialidad en traumatismo, me comentó un día: "Es muy raro que estés sufriendo tanto. Parece que hiciste adherencias, pero es casi imposible que las hayas hecho en tan corto tiempo. Sería bueno que escucharas una segunda opinión". Así que le obedecí y fui con otro ortopedista, quien me pidió que esperara más tiempo pues confirmó la improbabilidad de haber creado adherencias tan severas en tan corto tiempo. La pierna estaba muy hinchada. Las costuras de los *jeans* empezaron a ceder hasta romperse. No me quedaban los pantalones, por lo que mi vestimenta se reducía a *pants*, *leggins* elegantes y no tan elegantes.

Mi humor empezó a cambiar y mi paciencia y tolerancia también. El dolor constante me empezó a convertir en una persona fea por dentro, cosa que no me gustaba. Cuando la gente me preguntaba cómo estaba, mi respuesta era la misma: "Con dolor", "más o menos" lejos de mi tradicional "¿bien y vos?". Tras cuarenta sesiones de fisioterapia, no veía mejoría.

En una de las citas de revisión con el doctor Juárez, le comenté: "Ya nos quedamos sin opciones ¿verdad?". "No, Marta. Tengo muchas, pero me parece que debemos ir poco a poco. Lo que me extraña es que con lo que hemos hecho deberías haber progresado mucho. Eres la paciente más joven que tengo y, sin embargo, la que tiene el peor desempeño". Esa respuesta fue como un mazazo para mí. ¿Cómo era posible? ¿Qué estaba haciendo mal? Soy súper obediente, meticulosa, disciplinada. ¿Qué diantres estaba pasando conmigo?

Como seguíamos sin el progreso esperado, el doctor programó una cirugía ambulatoria que se llama "manipulación cerrada forzada", para la cual me pondrían anestesia total, con la finalidad de doblar mi rodilla hasta alcanzar los 110 grados.

Cuando abrí los ojos tenía hielo sobre mi pierna y el doctor me dijo que todo había sido un éxito. Sin embargo, pasaron los días y yo ni veía ni sentía mejoría. De hecho, el dolor se intensificó además de que mi rodilla y sus alrededores estaban inflamados y morados, por lo que el doctor me empezó a incrementar la dosis de los analgésicos. Ni los medicamentos ni las sesiones diarias de fisioterapia servían para avanzar. Recuerdo que una tarde estaba haciendo los ejercicios en casa le di una instrucción simple a mi pierna: "Voy a mover el pie de abajo hacia arriba diez veces". Pero nada sucedió. Fue una sensación muy extraña. Fue claro para mí que el físico no me estaba haciendo caso y el cuerpo y la mente parecían dos cosas separadas. En ese momento pensé: "A la pucha[4], si esto sigue así, creo que me voy a morir, pues cuando la mente se desconecta del cuerpo es cuando la gente se muere. El dolor era demasiado y los esfuerzos inútiles por lo que las ganas de dejarme ir y descansar de una buena vez estaban empezando a envolverme. Entendí que si seguía por ese camino llegaría el momento en que mis riñones no iban a querer funcionar, el hígado iba a empezar a fallar y me iba a empezar a apagar". Fue realmente muy claro para mí la existencia de la mente y el alma como entidades separadas. Me di cuenta de que mi mente iba por un lado y mi cuerpo por el otro. El resto del día me la pasé debatiendo en hacer cosas puntuales sin obtener la respuesta adecuada.

---

[4] *Palabra muy utilizada por los costarricenses para sustituir el "puta".*

Al día siguiente, fui a una reunión del Consejo de Mexico Breast Center (MBC) y saludé a mi querida doctora Michelle Hernández. Quién sabe qué cara me vio que me dijo: "Marta ve a ver a TaHí, estoy segura de que ella te va a ayudar". A pesar de mi escepticismo ante la medicina china y alternativa, hice cita con ella, movida por mi desesperación. TaHí me puso agujas de acupuntura, una brasita de hierbas en las palmas de las manos y en las plantas de los pies hasta que aguantara, y unos conectores metálicos detrás y delante de las rodillas. Me dijo que debía irla a ver los martes y los jueves y así lo hice.

TaHí trabaja con un aparatito que te mide la energía. Cuando iba pasando su aparato, me iba diciendo cosas. Cuando me lo puso en la frente, escuché: "Tienes muchísima energía aquí. Eres una mujer fortísima. A ti no te derrumba nada". Luego, la puso en mi estómago y me preguntó si tomaba agua, lo cual casi nunca sucede. Me indicó que por ser estreñida debería hacerlo con frecuencia.

"¿Y cómo está tu vida sexual?". "Eeeeh, aaaaah, pues más o menos. El tamoxifeno me tiene la libido en cero y últimamente andamos un poco distanciados en ese departamento". "Pues muy mal. El sexo es una parte vital de la vida del ser humano. Si no puedes tener relaciones con tu pareja, consiéntete tú, pero no te olvides de ti. Te voy a seguir preguntando ¿ok? Así que más vale que te apliques".

Cuando llegó a la rodilla, me dijo que la energía estaba muy alterada y que tenía demasiado calor, por lo que íbamos a trabajar con agujas, toques eléctricos y sonido. Disciplinadamente, asistí todos los martes y jueves por cuatro meses. Estoy segura de que mucho de la cura de mi pierna se debe a TaHí Ricart y a su papá.

Días después de haber acudido a varias sesiones con TaHí y su papá, en una sesión de fisioterapia le dije a la doctora: "Lléveme al límite. Necesito que mi cuerpo responda". No sé si fue porque le di un ultimátum a mi cuerpo, pero después de muchas repeticiones mecánicas, el cuerpo empezó a hacerme caso, en ese momento, inicié el camino definitivo hacia la mejoría total.

En mi cita de chequeo el doctor Juárez me dijo: "Ven, vamos a caminar por el pasillo". El pasillo donde está su consultorio es enorme y largo. Íbamos caminando y él llevaba el paso normal, pero a mí me costaba trabajo seguirlo. De pronto, se paró: "Vamos a ver. Te va a dejar el bus, corre a alcanzarlo". Empecé medio a trotar y a los tres pasos paré porque no podía correr del dolor. "Duele demasiado". Se paró y ajustándose a mis pasos, me dio la noticia: "Vamos a tener que operarte otra vez". Sin dudar, añadí: "Haga lo que tenga que hacer, pero quíteme esta invalidez y este dolor que no me dejan vivir en paz".

Aunque ya había dejado el bastón para no hacerme dependiente, el dolor era constante. No me dejaba dormir ni tener paz. Días antes ya había tomado la decisión de buscar un tanatólogo porque el dolor me estaba desquiciando. No disfrutaba nada. Ni los eventos sociales, ni el trabajo, ni los paseos, ni estar sentada o de pie durante mucho tiempo. Sentarme a ver tele era un suplicio. El ir al baño seguía siendo todo un tema y para hacer el cuento corto, mi vida era un infiernito.

Una vez más, el doctor llenó todos los papeles del seguro para hacerme una artroscopía. "Voy a quitarte con un bisturí las adherencias hasta donde llegue el bisturí. Las que puedan quedar las vas a tener que romper con fisioterapia que vas a retomar al día siguiente de salir del hospital." Planeamos la cirugía para la semana siguiente.

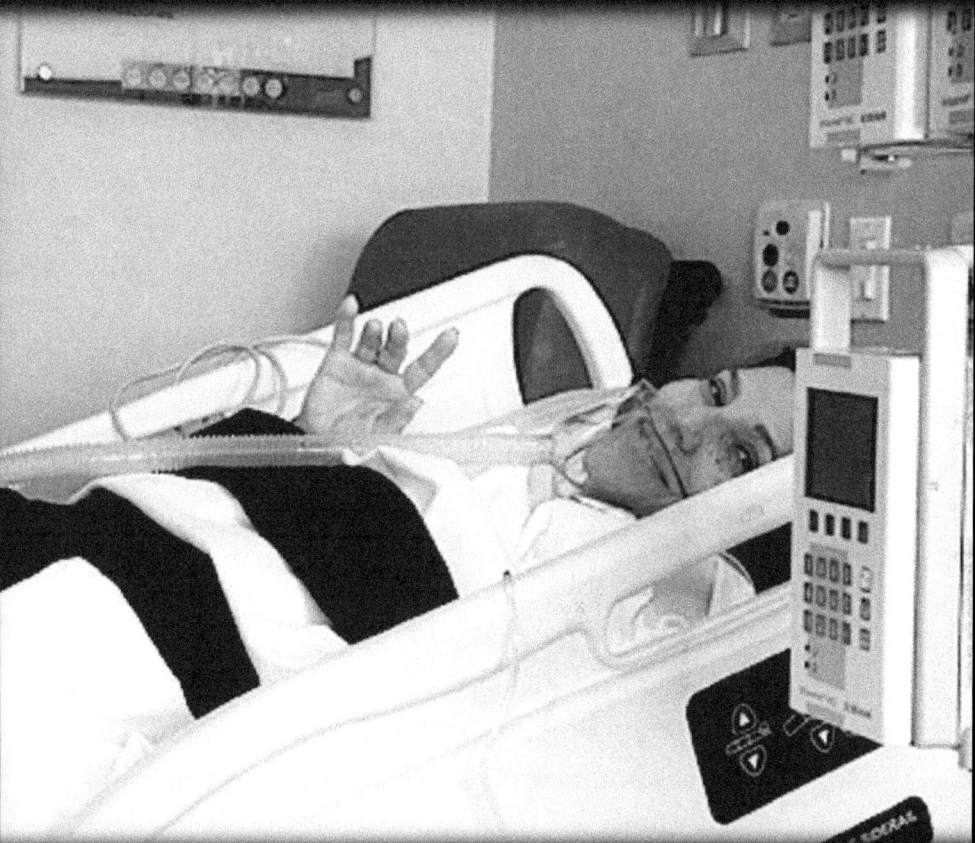

Fue maravilloso. Ya en la noche, cuando regresé al cuarto, lo primero que hice fue flexionar mi pierna y por fin podía doblar mucho más mi pierna, suceso que me llenó de alegría.

Al día siguiente de salir del hospital, continué con las sesiones con TaHí hasta lograr un total de veinticinco sesiones, así como veinte más de fisioterapia.

Hoy doblo mi pierna a cien grados, lo que me permite bajar escaleras sin experimentar dolor o dolor mínimo. Ya puedo caminar, cosa que amo hacer. Una persona normal dobla la pierna a 110 grados. Cuando voy a caminar largas distancias, hago ejercicio o voy a estar mucho tiempo de pie, me vendo y eso impide tener dolor permanente por varios días, lección que aprendí con el tiempo y la perseverancia.

Hasta aquí creí que mi vida empezaría a ir cuesta abajo; es decir, no más enfermedades, no más cirugías. Tal vez sólo una operación reconstructiva más para colocar los pezones y simetrizar los senos, y listo.

Sin embargo, mi cuerpo decidió que todavía no era el momento de cantar victoria. Un día, un dolor intenso me impidió nadar. De pronto, en medio del agua, me vi impedida para girar mi brazo hacia atrás. No tardé en hacerme una resonancia magnética, la cual determinó que, por algún esfuerzo que hice, se me desgarró uno de los "gemelos" cerca del "manguito rotador". La única manera de solucionarlo es con cirugía. Sin embargo, decidí darle largas porque la recuperación es tardada. Durante cuatro meses tendría que estar con el brazo derecho inmovilizado. No he tomado la decisión de hacerla y no sé aún si la haré. Ya estoy cansada de pasar media vida en un hospital.

Sospecha de cáncer
de mama derecha

En diciembre del 2019, en plena pandemia me correspondía el chequeo semestral y la planeación de la cirugía reconstructiva de la mama izquierda y simetría con la derecha. Entre los exámenes que me debía hacer estaba un ultrasonido mamario y una mastografía. El doctor Nicolás me llamó: "Santamarrín, tengo los resultados de los exámenes y parece que hay un tumorcito. Recuerdo que pensé: "No puede ser un tumor, porque tomo tamoxifeno que es una quimiecita e impide la presencia de cáncer hormonal". "Sé que Gerardo quiere decírtelo, pero no podía quedarme con esta información sin decirte, porque además de mi paciente eres alguien al que le tengo cariño".

El doctor Castorena me citó en MBC (Mexico Breast Center) a las 7 de la mañana del día siguiente y no me extrañó que me citara porque estábamos planeando la fiesta de fin de año y pensé que quería saber de mis avances. Me senté y me dijo: "Ya tengo los resultados de la biopsia y tienes lo que algunos oncólogos le llaman "cáncer lobulillar". Por unos segundos no di crédito a lo que estaba escuchando. "¿Qué? ¿Cómo? Si tengo 10 años de tomar tamoxifeno. Según yo, el cáncer ya no regresaría". El doctor Castorena me dijo que nada tenía que ver con el cáncer anterior, pero que había que sacarlo. No era urgente, pero por mi historial debíamos hacerlo en los próximos 3 meses. Me mandó a hacerme una biopsia con la doctora Lulú en el ABC de Observatorio. Cuando estuvieron los resultados, la doctora Lulú llamó al doctor Castorena y transmitió lo que pasaba conmigo.

Salí de ahí nuevamente con las cajas destempladas y pensando que nuevamente tendría que decirle a Héctor lo que estaba por venir.

Programamos una cita el doctor Castorena, el doctor Nicolás y yo para planear la cirugía.

Por este nuevo tipo de sospecha y por mi historia, lo recomendable era quitar totalmente el seno derecho (mastectomía radical otra vez). La fecha quedó fijada para el 5 de marzo del 2020.

Dato interesante es que México y el mundo estaba en plena pandemia y los protocolos en los hospitales eran el triple de exigentes y complejos de lo que eran antes.

Como hacía 10 años, había que hacer un marcaje en los ganglios para que tanto la radióloga como el doctor Castorena siguieran el camino correcto hacia los ganglios sospechosos.

Mi cirugía se programó para diez de la mañana y cuando ya estaba instalada en el cuarto llegó la doctora Michelle (especialista en medicina integral y primera asistente en las cirugías del doctor Castorena) para explicarme qué iban a hacerme y para indicarme que ya estaba todo listo para llevarme a la sala de tomografías y hacerme el marcaje de los ganglios. Llegó la silla de ruedas y nos fuimos hacia Radiología

Molecular. Ya sabía a lo que iba, pues ese agujazo en el pezón era de las cosas más dolorosas que había vivido en mi vida.

A pesar de que habían pasado 10 años, el proceso fue el mismo, pero ahora ya sabía a qué iba y qué iba a sentir. Me acostaron y me amarraron en los tobillos, en las caderas con las manos pegadas en los muslos y en los hombros. Llegó una doctora jovencita y me dijo qué me iban a hacer: "Le vamos a meter una aguja, unos 4 centímetros en el centro del pezón, con un medio radioactivo para hacer el marcaje. Luego tomaremos una radiografía y veremos si el contraste llegó a los ganglios". Estaba muy nerviosa, pero traté de mantener la calma. La doctora Mich tuvo su mano en mi hombro durante todo el proceso para darme apoyo.

Cerré mis ojos esperando lo inevitable. El pinchazo fue dolorosísimo. Las lágrimas caían sin cesar por los costados de mis ojos. Me hicieron masaje y el dolor seguía igual de intenso. Se fueron las doctoras para tomar las placas. Pasaron unos 10 ó 15 minutos que se me hicieron eternos. Regresaron y con una voz muy apenada me dijeron: "El marcaje no se ve. Estas son las opciones. Hacerle masaje y ponerle calor para que el líquido se mueva y tomar otra radiografía. Si la sustancia radioactiva no se movió, deberemos inyectarla otra vez". Le dije: "Haga lo que necesite hacer para que sufra menos. Yo aguanto". Trajeron una bolsita caliente y me la pusieron en el seno. Luego de unos 20 minutos, la doctora regresó y empezó a hacerme masaje suavemente en el seno. Cada movimiento provocaba un dolor intensísimo. Mis lágrimas volvieron a salir como torbellinos y yo seguía sin emitir un solo sonido. Volvió a ponerme la almohadita caliente y esperamos. Me hizo masaje nuevamente y se repitió la historia. Cuando pude hablar le dije "¿Por qué duele tanto?". La doctora me comentó que el medio de contraste tiene más cuerpo que los conductos mamarios y debe expandirlos para entrar. El dolor seguía intenso pero, poco a poco, iba bajado levemente. Me quitaron la almohadita caliente y se fueron a tomar la placa. La doctora Mich siempre estuvo a mi lado y sólo se iba cuando tomaban las placas. Pasaron unos 10 minutos, regresaron y me dijeron: "Todo está bien. El medio pasó". En ese momento pensé: "¡Puta qué dicha!". Me desamarraron y me pusieron en la silla de ruedas. Después de aguantar mucho dolor queda uno desguanzado. Iba en la silla de ruedas como si me hubiera pasado un tren por encima. Me llevaron al cuarto. La doctora Mich se despidió y a los pocos minutos vinieron del quirófano para llevarme hacia la cirugía.

El doctor Castorena tenía una cirugía antes en el norte de la ciudad. Le iba a colocar un catéter a la prima de Evita, que tenía un cáncer muy avanzado.

Me instalaron en recuperación y ahí esperé hasta que me pasaran al quirófano. Cuando me trajeron al quirófano había como 25 personas. Con eso quiero decir que estaba el equipo principal del doctor Castorena. Estaba el doctor Nicolás y su equipo, el doctor Rodrigo (anestesiólogo) y su equipo, la doctora Lulú (radióloga), las instrumentistas Diana López y Karina Ramírez. Todos muy conocidos y queridos por mí.

Siempre me asusta y me tensan los quirófanos porque uno debe llegar despierto y consciente. Tanto a recuperación como al quirófano se llega en la cama del cuarto y en la sala de operaciones te pasan a la mesa de cirugía que es muy angosta y tiene dos recarga-brazos muy angostos también. Mientras me acomodaban escuché claramente el conteo de instrumental, las instrucciones para ponerse de acuerdo y palabras que tensan como "sangre "sutura" "gasas" bisturís" "yodo" "alcohol" "drenajes", entre muchas otras.

El doctor Castorena no llegaba y la espera se me hizo eterna. El doctor Nicolás se sentó a mi lado, me tomó la mano y nos pusimos a conversar. No soltó mi mano hasta que llegó el doctor Castorena, el cual había dado la indicación de que no me durmieran hasta que él llegara. Cuando llegó, me hizo cariño en la cabeza, me dijo que todo iba a estar bien y que ya íbamos a empezar. Se me acercó por detrás el anestesiólogo, el doctor Rodrigo Rubio, y me dijo: "Te voy a pasar por la vía un medicamento que te va a marear un poco y luego te vamos a acercar el oxígeno. Todo va a estar bien, estaré contigo en todo el proceso y nos vemos cuando terminemos". Asentí, le di las gracias, sonreí y cerré mis ojos.

Esos segundos son los más intensos que siempre vivo. Son esos segundos donde le doy gracias a Dios por lo que he vivido, donde le pido paz e internalizo el desprenderme de la vida y prepararme para regresar o no volver.

Desperté en recuperación y me dolía hasta el alma. Me costaba respirar a pesar del oxígeno que tenía puesto. Recuerdo que en algún momento me decían: "Marta, respire", y era cuando tomaba consciencia de que no lo estaba haciendo, y era cuando tomaba aire y, poco a poco, volvía a la semi consciencia.

Cuando ya estuve estabilizada, me llevaron al cuarto y dos días después me fui a casa.

Estaba tan adolorida que no podía ir al baño y limpiarme con la mao del brazo que no había sido operada. Tuve que contratar por una semana a una enfermera para que viniera a bañarme. No podía vestirme ni bajarme los calzones solita.

Me sacaron 16 ganglios y mi brazo estaba totalmente dormido. Estuvo dormido, caliente e hinchado por áreas más de un año. Por prevención, tengo que usr una manga elástica de por vida. Reconozco que a veces no me la pongo porque aprieta mucho, pero sé que es por mi bien y porque hay que prevenir a toda costa que se me haga un linfedema. Fui a fisioterapia por más de un año.

Por protocolo el doctor Castorena me sacó un pedacito de piel debajo del pezón para enviarlo a patología durante la cirugía. Ya en el hospital vi que el pezón estaba oscuro, pero creí que era Violeta de Genciana.

Unos 15 días después, era miércoles, estaba en una sesión de fisioterapia y la fisioterapeuta me comentó que el pezón se veía muy feo y había un punto abierto en el pliegue. Le pedí, por favor, me tomara fotos para mandárselas al doctor Nicolás. Saliendo de la sesión, le envié dos fotos y minutos después me llamó: "Santamarrín, ese pezón se está necrosando. Para ver si podemos revertir el proceso, te voy a pedir que vayas a una cámara hiperbárica dos veces al día por tres días empezando hoy. Hay una que te queda cerca en la colonia del Valle". Me pasó los datos, hice cita y fui. Una cámara hiperbárica mejora la circulación sanguínea con oxigenación celular utilizando oxígeno puro al 100 por ciento en una cámara presurizada a presiones de 1,5 a 3, 0 ATA, según lo especificado por UHMS.

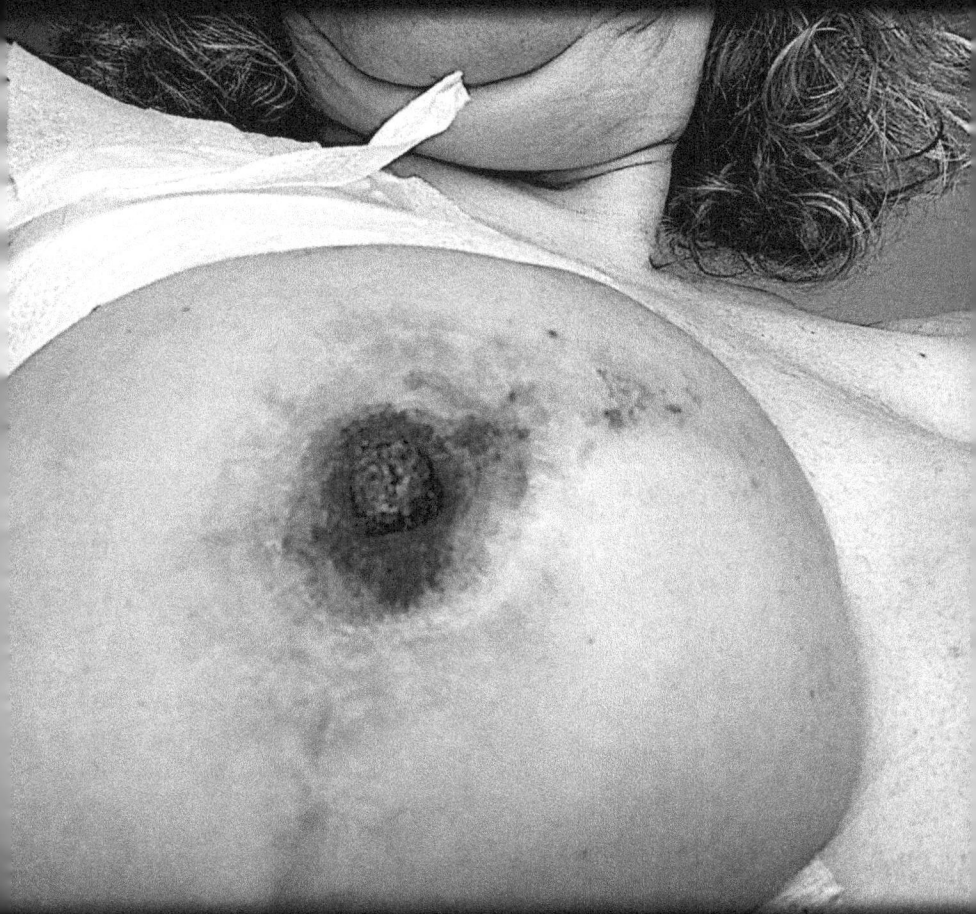

En el lugar donde fui había dos tipos de cámaras hiperbáricas: una donde cabían cuatro personas y otra individual. Pagué un poquito más y contraté las sesiones en la cámara individual. Era un tanque a nivel del suelo donde me metieron acostada boca arriba, con ropa de hospital y sin absolutamente nada metálico. Hay que ponerse unos audífonos y cuando ya estaba encerrada me explicaban cómo debía ir descompresionando. El proceso duraba una hora. La cámara tenía una pantalla de televisión y por medio de un micrófono se coordinaba con el responsable la película o la serie que se quería ver. Tenían Netflix, así que siempre vi la misma película, pues nunca da tiempo de terminar y ya sabía cómo acababa.

Recibí seis sesiones de oxígeno puro y el sábado en la tarde le envié las fotos al doctor Nicolás. Inmediatamente, me llamó y me dijo: "Santamarrín, no hay cambio. La gangrena en el pezón ha avanzado mucho y si nos esperamos, se te va a caer el pedazo y quedarás con la prótesis expuesta. Déjame coordinar la cirugía para mañana en la mañana. Te llamo cuando esté todo listo".

Unas horas después me llamó para decirme que la cirugía estaba planeada para el día siguiente domingo 15 de marzo a las 8 de la mañana. Como el hospital ABC de Observatorio era un hospital COVID, la cirugía, que debía ser con hospitalización, sería ambulatoria para recudir las posibilidades de contagiarme de COVID. Debía presentarme en el hospital a las 6 de la mañana.

Héctor estaba emocionalmente destruido otra vez, porque era una cirugía más en un tiempo muy corto, y era vivir nuevamente una crisis que ponía en juego mi vida. Cada vez que le tengo que decir que me van a operar me ve con cara de incredulidad y me dice: "¿Otra vez? ¿Cuándo va a parar esto? Hay más pedazos tuyos en el hospital que afuera".

El anestesiólogo iba a ser el doctor Rodrigo Rubio otra vez y como sé que le encanta el "gallo pinto[5]", lo cociné en la noche y en la mañanita preparé un tóper para llevárselo. Cuando llegó al cuarto a pedirme los datos de rigor para aplicar la anestesia, le di el tóper y le dije que esperaba lo compartiera con su esposa y sus hijos. El doctor Rodrigo pasó su luna de miel en Costa Rica y le encanta el gallo pinto.

Al doctor Nicolás le llevé una caja de chocolates de una chocolatería famosa de La Condesa y llevé unas cajitas más pequeñas para su equipo.

Como las anteriores cirugías, me canalizaron y me llevaron al quirófano. Allí estaban ya el doctor Rodrigo, Diana, la instrumentista del doctor Nicolás, el personal asistente de la cirugía y a los pocos minutos llegó el doctor Nicolás. No le vi su encantadora sonrisa, porque al igual que todos en el hospital estaba absolutamente tapado, pero por sus ojos y el tono de voz sabía que estaba sonriendo. Me dijo: "Santamarrín todo va a estar muy bien. Te vamos a cuidar".

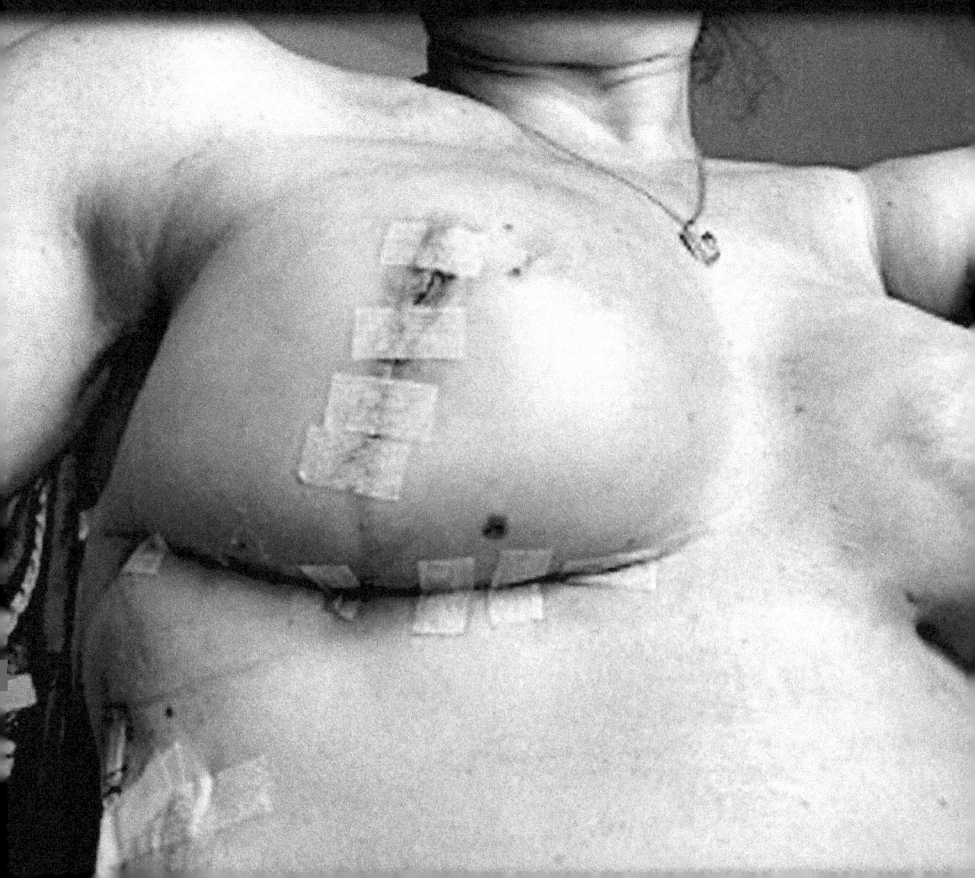

La anestesia fue muy benévola y abrí mis ojos en recuperación muy lúcida. Un par de horas después me llevaron a mi cuarto y a las 2 de la tarde estaba ya recostada en mi cama.

Ahora empezaba para mí un proceso psicológico y sexual complicado, porque ya no tengo pezones y siempre fueron una parte muy erógena para mí, de la cual disfrutábamos mucho Héctor y yo. Ha sido un proceso largo, difícil, de altibajos y de paciencia, pero se puede. No es como antes y no lo será nunca, pero con aprendizaje, autoconocimiento, y buscando opciones y soluciones a una parte vital del ser humano, se puede vivir una vida plena, feliz y satisfactoria.

Habían pasado dos semanas de la cirugía y aún conservaba más de 3 puntos sin cerrar y con zonas enrojecidas. Siempre he sido muy cuidadosa con mi aseo personal y con el cuidado de las heridas, pero simplemente los puntos no querían cerrarse y hasta se apreciaba un hilo de los puntos internos.

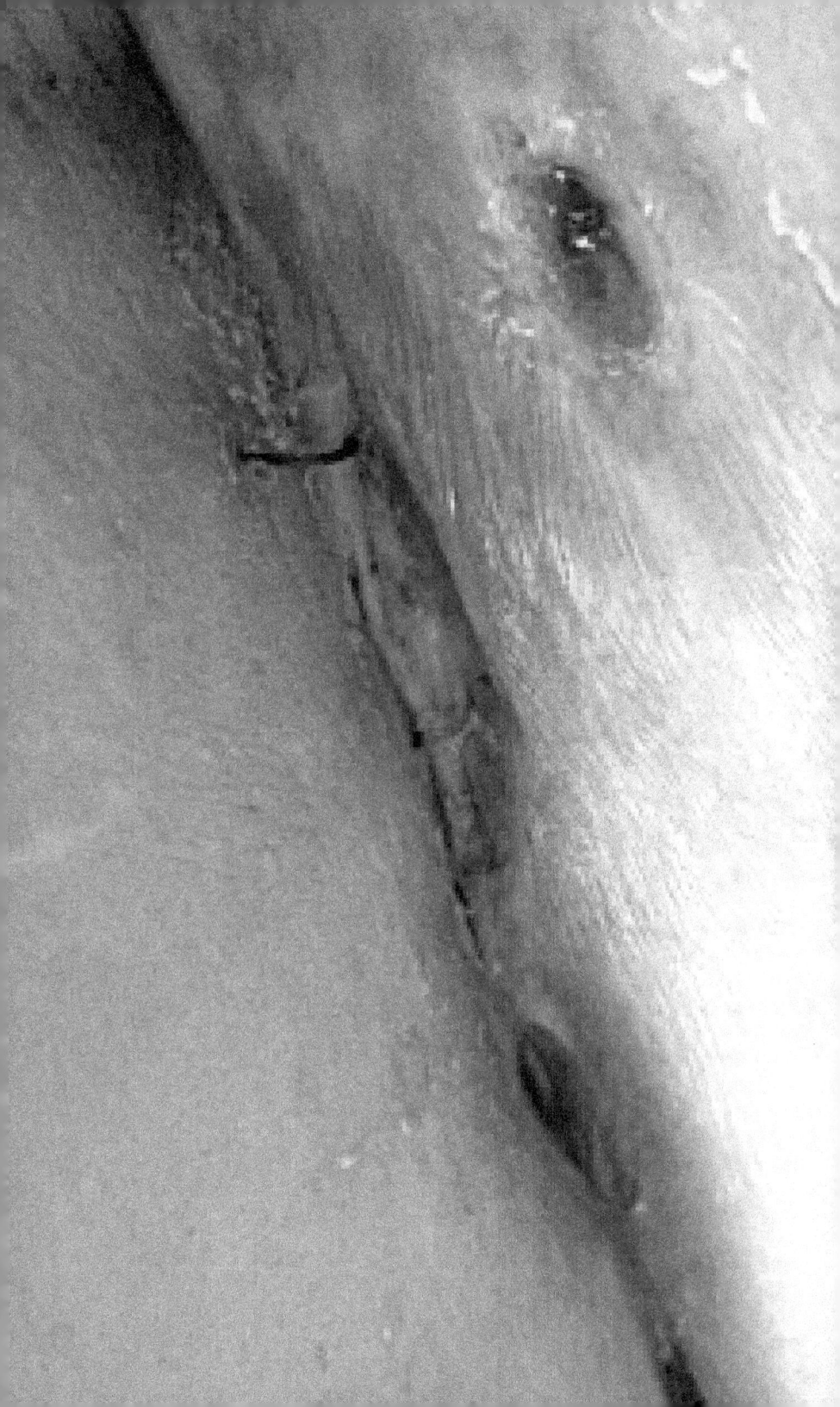

Llamé al doctor Nicolás y le mandé una foto. Yo angustiada y él tranquilo. Me recomendó comprar dos tipos de parches: uno de un material plástico y otro de fibra de plata y me explicó cómo ponérmelos. A los pocos días las partes rojizas empezaron a desaparecer y las heridas empezaron a cerrarse. Aprendí que ese tipo de parches se usan en traumatología cuando hay pérdida de piel. Definitivamente, para todo hay remedio menos para la muerte.

Hoy conservo sólo parte de la aureola y estoy a la espera de la última cirugía de los dos senos para que el doctor Nicolás me haga unos pezones con piel, me simetrice por última vez y cuando pasen unos 6 meses, haré lo que siempre dije que no haría: me tatuaré los pezones y las aureolas. He investigado mucho y ya existen muchos tatuadores expertos en tatuar cicatrices de cirugías y pezones.

Esta última será una cirugía reconstructiva-estética para mí y porque quiero. Quiero verme físicamente tan bonita como yo me veo por dentro.

CIRUGÍA DE ÚTERO Y DE TIROIDES

En enero del 2022, fui a mi chequeo anual y en el examen de sangre salieron alterados los valores tiroideos, por lo que el doctor Serrano, oncólogo clínico, me solicitó hacerme un ultrasonido de control. También me recordó que tenía que quitarme el útero y el ovario (sólo tenía el izquierdo) por prevención, pues el uso de tamoxifeno estaba por eliminarse y al reactivar las hormonas femeninas, la probabilidad de tener cáncer de útero era altísima, por lo que me dio seis meses para llevar a cabo la operación.

En abril fui a ver al oncólogo ginecólogo, el doctor José Antonio Posada, quien me pidió exámenes de laboratorio y un ultrasonido. Con los resultados me dijo que no veía necesario operarme pero que hablaría con el doctor Serrano y me avisaría. Sin embargo, tras esa consulta y su conversación con el doctor Serrano se decidió que debía haber una histerectomía radical. Planeamos la fecha para el 15 de mayo de 2022. Me interné y la cirugía ocurrió sin contratiempos. Fue por laparoscopía, por lo que la recuperación fue muy benévola. Nuevamente, tuve calores por unas semanas y subí de peso. Al mes, me dieron de alta y continué con mi vida normal.

Para mi chequeo de julio, me hice los exámenes que seis meses antes me había solicitado el doctor Serrano y con los resultados en mano saqué mi cita. Siempre veo los resultados de los exámenes que me mandan, pues a lo largo de estos doce años he aprendido mucho. Sin embargo, a pesar de que soy cuidadosa con algunos alimentos, siempre he salido con el colesterol y los triglicéridos altos, pero esta vez, además de eso, tenía el azúcar arriba y los valores tiroideos alterados otra vez.

Estábamos hablando en la consulta y el doctor me hizo las preguntas de rigor: "¿Dolor en los huesos?". No. "¿Mareo?". No "¿Diarrea?". No "¿Vómito?". No

"¿Moretes sin razón?". No. Etcétera, etcétera.

Luego me preguntó si tenía un ultrasonido de tiroides y le comenté que sí y que se lo había mandado en enero. No lo encontró por ninguna parte. Como venía de la oficina, traía mi computadora: la saqué, busqué el examen y se lo reenvié. Cuando lo leyó, me dijo: "Vas a irte a hacer un ultrasonido de tiroides". Contesté: "Sí, señor", y su respuesta fue: "Este mes". "Sí, señor", respondí. No entendí bien por qué la prisa, pero el doctor Serrano es muy serio y directo, por lo que no dudé ni un minuto en acatar su indicación. En el camino hacia la casa, abrí el resultado del ultrasonido y vi que en las conclusiones decía: "Nódulo de 0.9 milímetros. Hacer ultrasonido de control en seis meses". Ahí fue donde pensé: "Pucha, tengo una pelotita en la tiroides y no me di cuenta cuando me hicieron el ultrasonido en enero."

Era un lunes. El miércoles hice cita para hacer el ultrasonido en MBC[6]. Soy parte del Consejo Directivo, por lo que me conocen todos los médicos y el personal administrativo. Y aunque no soy médico, muchas veces me tratan como tal. Cuando la doctora empezó a hacer el ultrasonido me dijo: "Aquí hay una lesión asimétrica con vasos sanguíneos y calcificaciones. No me gusta. Creo que debes realizarte una biopsia". "Adelante, doctora: ya estoy aquí. Hágamela de una vez", afirmé con total determinación.

Prepararon todo y me la hicieron de inmediato. Me dolió muchísimo. Pero como siempre, no me quejé ni emití ningún sonido. Me mandó un analgésico y me vine a casa. Pasé adolorida ocho días.

A las dos horas, llegó el resultado del ultrasonido: "Nódulo irregular tiroideo izquierdo con incremento de tamaño al comparar con estudio previo. Quistes

---

[6] Mexico Breast Center.

coloides en lóbulo tiroideo derecho. Categoría TIRADS 5 (hallazgos sugestivos de malignidad)".

Sentí que se me había caído el mundo encima. Llamé a Héctor y le leí el resultado. Y ya en casa me preguntó: "Eso es cáncer ¿verdad?". "Sí", le contesté y me puse a llorar. "Ay, amor", me respondió antes de que me abrazara mucho. En ese mismo momento canceló todo para estar conmigo. "Vivamos esto juntitos", susurró. Nos pasamos la tarde totalmente desconcertados, a ratos en silencio, a ratos abrazándonos, a ratos solos, a ratos hablando, a ratos revisando opciones y a ratos con un temor que no se iba.

Los días que siguieron estábamos en *shock*, sin ánimo de nada, pensativos. Yo con ganas de contárselo al mundo, porque así liberaría mi corazón y Héctor pensando en lo que se nos venía encima.

El lunes en la mañana me citó el doctor Castorena en su consultorio para darme el resultado de la biopsia. Héctor estaba conmigo. Ambos sabíamos ya en nuestros corazones qué iba a decir la biopsia. El doctor Castorena, que es encantador, cálido y humano, me saludó con un abrazo de oso y me dijo: "Marta el resultado de la biopsia indica que tienes cáncer de tiroides, pero no te preocupes. El cáncer de tiroides es de los tipos de cáncer más benévolos que hay. Parece que el tuyo es papilar, por lo que, de los cuatro tipos de cáncer tiroideo, es también el más benévolo. Los pronósticos de vida son del 90 por ciento. No se compara en nada a lo que viviste antes y vamos a salir de ésta".

Se me llenaron los ojos de lágrimas porque era validar una noticia que ya sabía me iban a dar. Sonreí como siempre y le dije: "Sí, lo vamos a vencer nuevamente, tengo claro que no me toca todavía".

Después de una respiración profunda, prosiguió: "Marta, como médico oncólogo y como médico integral, me parece que deberías revisar internamente qué recompensa estás esperando con esto. A lo mejor no lo sabes conscientemente, pero algo está sucediendo para que en los últimos diez años a tu cuerpo le estén pasando muchas cosas. No está bien eso. Te recomiendo que busques opciones a nivel espiritual, mental, afectivo, emocional. Revisa". "Por supuesto que así lo haré", respondí sin vacilar. "Conscientemente no sé qué pasa. Inconscientemente, sé que fueron muchos años de tragarme todo lo emocional que viene desde mi infancia".

Estando en el consultorio, el doctor Castorena llamó al doctor Raúl Alvarado y le explicó quién era yo y qué tenía. "Es una amiga que quiero como si fuera mi hermana. Te pido que la veas porque tiene cáncer de tiroides". Hablaron un ratito más y el doctor Alvarado me dio cita para las 4:30 de la tarde de ese mismo lunes.

"No te preocupes. Vas a ver que todo va a salir bien y podremos con esto. Avísame cuándo será la cirugía, porque quiero estar contigo en el quirófano".

El doctor Alvarado me pareció encantador y muy humano también. Por algo es amigo del doctor Castorena. Le llevé mis exámenes, le expliqué y él, muy sencillamente, me dijo más o menos lo mismo que el doctor Castorena: "Aquí sólo queda operar. Es una cirugía muy sencilla. Te hacemos un corte en la garganta, sacamos la tiroides y cerramos. Con el tiempo es una cicatriz que casi no se ve. En un caso normal se saca la mitad de la tiroides y se manda a patología, pero con tus antecedentes, vamos a sacarla toda".

Fijamos la fecha de la cirugía y me dio la receta con los exámenes preoperatorios. Semana y media después estaba operada. Tras ocho semanas, me dio de alta y me dijo que era momento de buscar un médicoquien, tener una vida normal.

Han sido semanas de probar dosis diferentes de la hormona de la tiroides (Eutirox), pero parece que ya logramos encontrar mi dosis. Al principio me sentía muy cansada. Ya no tanto. Me recetó otros medicamentos para regular mi metabolismo.

Pasaron ya cinco meses y en las revisiones post operatorias y periódicas mis valores de tiroides ya salen normales, bajé mucho de peso (de tallas más que de peso) y ya estoy haciendo vida normal. Ahora sólo me falta la fuerza de voluntad para hacer ejercicio todos los días.

Me siento plena, sana y completa. Ahora sí creo que ya estoy de salida a todos estos padecimientos que me agobiaron por 12 años.

Profesional y personalmente estos últimos cinco años han sido muy fructíferos. Tengo una relación muy estrecha con dos amigas "cancerosas" que adoro: Lety y Ale. Nos entendemos sin explicar mucho. No nos damos lástima y nos acompañamos sin juzgarnos ni cuestionarnos. Nos decimos "cancerosas" por cariño.

En este último año llegó a trabajar a Konesh una poeta maravillosa llamada Carmen Nozal. Ella me ha enseñado a ver la vida desde otra perspectiva, me ha enseñado el valor y la belleza de las palabras y de la poesía. Hemos hecho equipo para lograr cosas en el mundo del arte y la cultura. Formamos una linda mancuerna.

He recibido un doctorado Honoris Causa y algunos premios por mi trayectoria laboral. He concedido entrevistas y realizado mis primeras publicaciones en periódicos y revistas. En la actualidad, creo que estoy cosechando los frutos de un trabajo profesional y personal con los muchachos que forman el corazón de la empresa y sigo teniendo el papel de "mamá gallina" que atesoro y me encanta.

Mi relación con Héctor está más sólida que nunca y con mi familia tengo lazos amorosos y solidarios. Soy plenamente feliz y no puedo pedirle más a la vida. Estoy completa.

RECONOCIMIENTO AL EQUIPO MÉDICO, A MIS COMPAÑEROS, FAMILIA Y AMIGOS

Mi equipo médico es muy profesional y está integrado por los mejores médicos de México. Lo Conformado por un cirujano oncólogo, especialista en cáncer de mama, este líder del grupo se llama Gerardo Castorena Rojí. Hoy en día, además de mi doctor, es mi amigo. Dirige Mexico Breast Center, considerado el centro integral especializado en mama único en México y, posiblemente, en Latinoamérica por la atención integral que le dan a las pacientes sanas y no sanas.

Oncólogo e internista especialista en Quimioterapia, el doctor Juan Alberto Serrano Olvera. Es y ha sido el médico que me administró las dosis y el tipo de quimioterapia. Se encuentra al frente del seguimiento de por vida. El primer año fui a verlo cada mes, luego cada dos meses, posteriormente, cada tres meses, y ahora cada seis meses.

Cirujano oncólogo plástico reconstructivo, denominando así al doctor responsable de reconstruir los senos. El primer cirujano oncólogo plástico reconstructivo que tuve (a mi parecer y con los años) fue un carnicero, pues nunca tuvo la sensibilidad para entender que yo iba a vivir con las molestias y con las cicatrices. Mi seno izquierdo se corrió hacia la axila y estaba mucho más arriba que el derecho. Tuve dolor permanente por años. Cambié su nombre porque no quiero dañarlo con mi relato.

Hoy en día tengo un cirujano oncólogo plástico reconstructivo maravilloso: sensible, humano, meticuloso y con una sonrisa encantadora. Se trata del doctor Nicolás Domínguez Chávez Camacho. Ambos coincidimos en que soy uno de los casos más complicados que ha tenido, por el estado en el que llegué y por las cirugías que ha tenido que hacer. Sin embargo, hoy estoy simétrica y aunque me falta la última cirugía en ambos senos, el resultado es bastante bueno. Con ropa, me veo igual que cualquier mujer. ¡Y hasta escotes uso y ya no se ven torcidos!

El doctor Carlos Salvador Juárez Rojas, mi ortopedista, me operó tres veces mi rodilla porque no respondí como un ser humano normal. Hice muchas adherencias en muy corto tiempo, lo que complicó la vida de él, de su equipo y la mía. Hoy, después de sesenta sesiones de fisioterapia, tres cirugías y muchas caminatas, mi pierna se dobla 120 grados; puedo bajar y subir escaleras: para una lesión como la mía es más difícil bajar que subir gradas y puedo caminar distancias largas sin mucho dolor ni hinchazón. Lo que es imposible para mí es correr distancias largas o hacer ejercicios de impacto. Pero ¿quién quiere hacer eso a estas alturas del partido? Sólo un atleta de alto rendimiento y yo no lo soy.

Mi segundo tipo de cáncer fue el tiroideo y me llevó a buscar a un cirujano endocrinólogo. De este modo, llegó a mi vida el doctor Raúl Alvarado Bachmann, un profesional excelente en lo que hace, además de ser muy humano, muy sensible y muy linda persona. Me trató siempre con mucho cariño y el proceso (citas médicas, exámenes de sangre, ultrasonidos y pruebas de Covid-19) así como la cirugía sucedieron sin contratiempos y todo salió muy bien.

No puedo olvidar a Rocío, la asistente del doctor Castorena. Siempre dispuesta, sensible, amable y cariñosa conmigo como persona y como paciente.

La doctora Mich, una profesional y un ser humano maravilloso, sensible y dulce.

Diana López, instrumentista del doctor Nicolás. Toda una profesional y una dama. Siempre me da consejos para verme mejor y me regaló el tatuaje de mis cejas, que están tan bien hechas, que casi nadie se da cuenta que son tatuadas. Lo que me permite ya tener una cara normal de por vida.

Karina Ramírez, instrumentista del ABC que siempre asiste al doctor Castorena en sus cirugías. Ha sido una gran amiga y siempre que estoy hospitalizada saca un ratito para ir a verme.

El doctor José Antonio Posada, el doctor Rodrigo Rubio, y el doctor Fernando

Manríquez, no pueden pasar desapercibidos. Gratitud total para ellos.

No hubiera podido llegar hasta aquí si no hubiera sido por mi familia, mis amigos antiguos y nuevos, así como los desconocidos que, en un momento determinado, se convirtieron en ángeles.

Soy una costarricense viviendo desde hace diecinueve años en México por lo que mis compañeros de trabajo se convirtieron en mi familia escogida.

Héctor, mi esposo, fue y es un pilar fundamental en todo lo que he vivido a lo largo de estos doce años. Jamás se ha "arrugado" ante lo que me ha pasado. Siempre ha estado conmigo en absolutamente todo. Organiza su trabajo y sus reuniones para estar conmigo. Estuvo a mi lado en las quimioterapias, radioterapias y en el hospital en las veinte cirugías que llevo.

Hace lo que sea para generar una sonrisa en mi cara y nunca ha sentido lástima por mí.

Soy muy afortunada de tener el esposo que tengo, porque conozco infinidad de casos en que, tras un diagnóstico de cáncer, la paciente entra por una puerta y el esposo sale por la otra. Héctor trabajó sin descanso para cerrar negocios que nos permitieron pagar las quimioterapias y las primeras cirugías que no cubrían el seguro médico y los honorarios que no cubre el seguro.

Mis hermanos y mi cuñada me acompañaron con llamadas, palabras de aliento y con blusas cómodas cuando la radiación había destruido mi piel y mi músculo y parches de silicón para las enormes cicatrices.

Mi agradecimiento eterno a Evita que es mi hermana en México y mi amiga incondicional. Ha estado conmigo en casi todas las cirugías en el hospital. Vino a verme siempre a casa después, y está permanentemente pendiente de mi bienestar y mi salud.

Mis amigos-familia de Konesh: Evita, Marquito, Duncita, Mary, Melita, Adolfiux, Victicor, Adri, don Imar y la señora Leti se desvivieron para darme todo el confort que podían. Se turnaban en el hospital durante las quimios que duraban nueve horas, me llevaban a comer o cenar, me acompañaban si tenía que ir a la oficina por mi pérdida de la memoria inmediata, para que no me extraviara o para recordarme de qué estábamos hablando. Trabajaron intensamente en los proyectos ganados para apoyar al pago de las quimioterapias y cirugías que no cubrió el seguro.

Hoy hay más muchachos y compañeros que se han sumado a ese equipo de familia escogida, que me han acompañado con mensajes de cariño y de apoyo. Claudia, Ana, Iri, Eve, Damara, Mariví, Carmen, Jona, Willie, John, Tino, Fredy, Edgar, Mario, Fredy, Iliana, Noé, Yaz, señora Paty, señora Vicky, Lalo M., señora Emilia, Lalo P., Vicente, Ila, Koneshian Star, Laura y Selene.

Mis amigas de Costa Rica: Gina, Mónica, Trilce, Marielos, Olga, Geraldine, Eleonora, Lilliana, Sylvia y Ana Ligia nunca me olvidaron. Gina me dio consejos muy valiosos para sobrellevar las quimioterapias, porque, aunque ella tuvo cáncer de ovario, las generalidades son las mismas. No sé qué hubiera hecho sin sus consejos.

SOBREVIVIENTE Y MEJOR PERSONA

Esta historia ha sido larga, dura, tortuosa, impactante, llena de aprendizaje y pruebas de resiliencia. Sin embargo, gracias a todos esos aprendizajes y procesos, he aprendido a conocerme, a entenderme, a quererme y a ponerme de primera. Me costó muchísimo por creer que los demás eran más importantes que yo.

Padecer de cáncer me llevó a tener todo el tiempo que necesitaba para pensar, para reflexionar, para mirar para adentro. Vi mucho para adentro. Poco a poco fui descubriendo que la vida se me escurría de las manos, por lo que tenía que sacar fuerza interior de donde pudiera para luchar, para sobrevivir. Cada vez que me sentía cansada, sin fuerzas o con náuseas, me convencía a mí misma de que me sentía así porque la quimio estaba luchando conmigo para matar a este infeliz cáncer que había decidido instalarse en mí.

Poco a poco empecé a darme cuenta de que mis fobias comenzaban a desaparecer. Tenía pavor a las alturas, a pararme en algún lugar en que se vieran los pisos de abajo o subir una escalera donde los peldaños estuvieran abiertos, y les temía a los puentes de hamaca o colgantes. Ahora ya no siento miedo.

La gran realización es que no le tengo miedo a nada porque mi batalla ha sido por mí y no hay batalla más fuerte ni más intensa que luchar para preservar la propia vida. Esta realización me hizo entender que no hay problema tan complicado, ni miedo que congele, ni nada que no pueda lograr si yo decido que lo quiero hacer. Ese entendimiento es tan contundente que me ha permitido vivir mi vida a plenitud, disfrutar lo que hago, lo que quiero, lo que escojo o lo que me toca.

Entiendo que por luchar durante tanto tiempo me he convertido en una mujer más fuerte que la norma. Incluso, cuando he estado en un accidente lo veo en cámara lenta y eso me permite reaccionar rápido para no golpearme o no lesionarme en demasía.

Si yo pude y puedo ¿por qué no vas a poder vos? Sí se puede. El diagnóstico de cáncer hoy en día no es una sentencia de muerte, y si una se autoexamina, y le hacés caso a lo que le dice el cuerpo y la mente, llegarás a tiempo con el médico especialista.

Para concluir esta historia que quería compartir contigo, te dejo una fotografía mía de las primeras sesiones de Héctor como fotógrafo profesional, donde logró ver a través de mi alma y donde me hizo sentir como actriz de cine.

ANEXOS

Algunos correos electrónicos enviados por mí

Estos son correos electrónicos que escribí a mi familia y amigos a lo largo del proceso.

Primer email

~

Martes 23 de noviembre a las 22:17 -0600, Marta Santamaría escribió:

Hola a todos:

¿Cómo están? Sé que algunos de ustedes saben, pero mejor lo hago oficial. La semana pasada me hice unos exámenes médicos y esta mañana se determinó que tengo que operarme muy rápido, así que me opero este sábado a las 10:00 a.m. Tengo una lesión grande y está en mi seno izquierdo y debe ser atendida de inmediato.

Por tal motivo, la semana entrante estaré en casa. Les pido, por favor, me apoyen a coordinar los proyectos que tengo a cargo, para que los clientes no sientan mi ausencia.

Nos vemos el viernes.

Un abrazo cariños

Marta

Segundo email
a los compañeros de trabajo

~

El 26/11/2010, a las 19:11, Marta Santamaría escribió:

Hola a todos:

Buenas noches ¿Cómo están? Sé que todos han estado muy pendientes de mí y lo agradezco de todo corazón.

Hoy en la mañana Héctor insistió fervientemente en escuchar una segunda opinión antes de someterme a una decisión tan drástica, y esta tarde conversamos con un oncólogo, especializado en cáncer de mama, el cual considera que, aunque la lesión existe y es seria, no es necesario hacer una cirugía de biopsia que pueda terminar en otra cirugía más completa. Considera que hay más caminos antes de llegar a eso.

Me haré una biopsia, pero no como la que me iba a hacer mañana; será por medio de una punción el 7 de diciembre. Con el resultado se verá si se requiere tratamiento o cirugía.

Ya les contaré cuando sepa. Muchas gracias a todos nuevamente por las muestras de cariño.

Un abrazote cariñoso,

Marta

~

Segundo email a los amigos

~

From: Marta Santamaría
Sent: Monday, December 27, 2010 11:01 AM
To: Muchos amigos
Subject: Feliz Navidad y Próspero año 2011

Hola a todos:

¿Cómo están? ¡Feliz Navidad! Espero se la hayan pasado muy bien en compañía de las personas que los quieren mucho y que nos hayan tenido en el pensamiento y en el corazón a los que los queremos mucho también, pero estamos físicamente lejos.

La semana pasada me entregaron los resultados de las dos biopsias nuevas biopsias. Una buena noticia, dentro de las malas, es que los ganglios de la axila no tienen cáncer. Son buenas noticias, pues el cáncer está focalizado, sólo en el seno.

El miércoles 22 fui con el oncólogo y me dio su diagnóstico. Se percibe un tumor de cuatro centímetros en la parte superior de mi seno izquierdo. Por el tipo de hormonas de las que se está alimentando el cáncer, me darán cuatro sesiones de quimioterapia llamada internacionalmente TAC (Taxanos, Doxorrubicina y Fluoracilo), Esta quimioterapia es neoadyuvante: su función consiste en disminuir y hasta desaparecer el tumor. Con ello se facilita el tratamiento quirúrgico y puede hacer posible una cirugía conservadora de mama para que no me quiten el seno completo.

Tendré efectos secundarios de caída del pelo de la cabeza y disminución del pelo de las cejas y las pestañas a partir de la segunda sesión de quimio, náuseas y disminución de los glóbulos blancos, así como cansancio, manchas en las uñas, pérdida de memoria inmediata y lentitud en los movimientos. Al día siguiente de la quimio me darán medicamentos para contrarrestar esos efectos y hacer mi vida casi normal. Me sentiré cansada en los días posteriores a la administración de la quimio y no podré asolearme, porque se me puede manchar la piel. Supongo que me veré bien sexy en la playa con manga larga y sombrero ¿no?

Mañana me interno a las 8:00 a.m. para que me coloquen el catéter en el pecho y como a las 3:00 pm me darán la primera sesión de quimio, terminándola como a las 9:00 p.m. Saldré del hospital al día siguiente y a partir de la segunda sesión, que será en 21 días, las haré de forma ambulatoria, yéndome a casa después de unas seis horas.

Les cuento que el doctor me dijo que estaba impresionado de lo tranquila y ecuánime que me veía, pues siempre las pacientes llegan deprimidas, derrumbadas, llorosas y aterradas.

El viernes me corté el pelo muy corto, pues como les dije, es menos traumático perder el pelo corto que el pelo largo y así tanto yo (el burro por delante para que no se espante) como mi esposo, su hija y todas las personas con las que trabajo y mis amigos de aquí, se vayan a acostumbrando a ver a esta nueva Marta.

Gracias por acompañarme en la etapa más difícil de mi vida. Con la ayuda de Dios, de ustedes, de todos los amigos ticos, mexicanos y colombianos, así como de las oraciones que todos estamos haciendo, lograremos juntos vencer el cáncer.

Los quiero mucho a todos y gracias, desde lo más profundo de mi corazón, por estar conmigo.

Feliz año 2011. Les deseo lo mejor, pero sobre todo mucha salud, prosperidad, amor, planes, sueños y metas.

Un abrazote y un besote muy cariñosos,

Martilla I

~

Último email
a mis compañeros de trabajo

~

De: Marta Santamaría
<msantamaria@konesh.com.mx>
Fecha: 14 de junio de 2012 13:07:23 CDT
Para: Mis compañeros de trabajo
Asunto: Recuperándome y a punto de iniciar totalmente una nueva vida

Hola a todos:

¿Cómo están? Hace mucho que no les cuento cómo voy, porque he usado la máquina muy poquito pero creo que este email cierra el ciclo de mails y de momentos clave desde que me detectaron el cáncer en diciembre del 2010.

Mañana cumplo tres semanas de la cirugía de segundo tiempo como la llama el doctor. Ayer me quitaron el segundo drenaje; lo que me permite terminar la recuperación con más rapidez. Ya me dejan hacer más cosas, pero no podré jugar Gotcha, ¡aunque sí los voy a acompañar!

Héctor vino conmigo a la cita médica y ambos le hicimos muchas preguntas al doctor. Confieso que me eché mis lagrimones, porque en el fondo de mi corazón y por mis deseos de verme como una perfecta Barbie de 49, tuve la fantasía de vivir el fenómeno de Cenicienta, como diría Héctor. El resumen de las respuestas del doctor fue: "la radioterapia tiene efectos secundarios irreversibles y permanentes, pero te salvó la vida". Qué razón tiene ¿verdad? Por eso, nuevamente decidí vivir la vida a plenitud, disfrutar cada momento por más sencillo e insignificante que sea, comer sano (aunque no dejaré mi Coca Cola y mis bolillos, pero sí disminuiré mucho las cantidades) sonreiré más y seguiré diciendo las cosas bonitas que pienso y siento, entre otras cosas.

Espero integrarme muy pronto, poco a poco, a la oficina.

No quiero terminar mi email sin darles nuevamente mis más expresivas gracias por ayudarme a conservar mi vida, por apoyarme cuando no tenía un sólo pelo y decirme lo linda que me veía, por sus llamadas, por sus visitas, por su compañía, por sus regalos, por sus palabras de aliento y por estar pendientes de mí en los buenos y malos ratos.

También quiero darle mi agradecimiento y mi amor eternos a Héctor que ha estado incondicional e incansablemente a mi lado.

Un besote y los quiero mucho,

Marta

Correos electrónicos,
mensajes de Facebook,
WhatsApp de familia y amigos

Dennis Aguiluz

CUMPLIENDO HOY: Mi querida amiga Marta Santamaria, primera mujer Presidenta del Calasanz, mujer de mucha admiración, hoy luchando y saliendo avante de una enfermedad. Llena de alegría verla sonriente en sus fotos, aunque le falte su pelito, te felicito y que Dios te bendiga.

30 de Enero de 2011

Marta Santamaría

Así estoy ahora, luchando por mi vida, pero optimista porque los pronósticos son muy prometedores. Muy pronto recobraré mis colochos!

Luis Eduardo Oreamuno Pérez

Así es Marta, adelante con esa gran actitud positiva. Todo estará bien, Dios contigo. Un gran abrazo!

Marisol Pérez

Esa es la actitud y la sonrisa con la que se enfrentan los valientes. No solo recobrarás tus colochos, sino que tendrás aún más motivos para darle gracias a Dios. Estás en mis oraciones constantes para que pronto todo sea un lejano recuerdo.

Glauco Rivera Ayala

Pues te deseo no solo el éxito sino el éxito de ser un ser humano excepcional

Estrella Tapia

Presencia de ánimo y valor en la adversidad, valen para conquistar el éxito más que un ejército. Te quiero mucho Martita.

Gabriela Johanning

Estoy contigo Marta, pidiéndole a Dios para que te recuperes pronto. Un abrazote fuerte.

Alvaro Gómez Carranza
Un fuerte abrazo. Me encanta tu sonrisa

Sonia Madrigal
Tu actitud ayudará mucho en este proceso, estamos con vos.

Glauco Rivera Ayala
De parte de mi mamá le envía muchos saludos y bendiciones y que todo se te alivie.

Marta Santamaria
Muchísimas gracias a todos por tan bellas palabras. Los quiero mucho y les agradezco todas y cada una de las muestras de cariño. Tengo cáncer de mama y estoy ya en mi segunda quimio. Mi tumor se ha reducido a la mitad y tengo mucha fe en Dios que todo saldrá bien y muy pronto estaré libre de cáncer. Que dios los llene de bendiciones.

Glauco Rivera Araya

Pues con mucha fe y fortaleza que solo Dios te puede dar, saldrás adelante.

Damaris Roldán Santamaría

Confianza, que el primer aliento de recuperación es el buen ánimo. Que sea Dios quien diariamente te llene de fuerzas para luchar. Un abrazo a la distancia y saludos desde acá.

Carlina Villegas Castro

Marta te felicito, sos un gran ejemplo de buena actitud y fortaleza. Te mando el abrazo más grande, lleno de solidaridad y acompañado de millones de bendiciones. Delante de la mano de Dios.

Tatiana Meza

Marta, un gran abrazo y que Dios te llene de toda su fortaleza y que en medio de esta dura prueba, podás ver su mano sanadora en todo momento. Un beso.

Sandra Gutiérrez

Marta, eres una mujer extraordinaria y te mereces todo el amor del mundo y mucho más, pronto será esto un mal sueño del pasado que verás en la lejanía. Te deseo lo mejor y te abrazo muy fuerte con todo mi amor.

Alfredo Bolaños

Te recuerdo con mucho cariño, pero ante todo te recuerdo como una mujer fuerte, determinada y segura. El poder de la mente es extraordinario y tiene la capacidad de corregir cualquier desperfecto, ahora más que nunca ocupas de todas aquellas.

Se me olvidó decirte que no todas las mujeres se ven lindas calvitas, pero vos sos una de esas que tiene una cara tan linda, que te ves bien calvita. Un abrazo.

Patricia Esquivel Gerli

Te deseo una pronta recuperación, estas en mis oraciones. Sé que vas a salir adelante. Un abrazo muy fuerte.

Gabriela Prati

YAY for you

Esa chica que recuerdo de nuestra juventud, con una actitud siempre positiva. Me quito el sombrero ante usted amiga. Que Dios te siga llenando de fortaleza, energía positiva, bendiciones y sobre todo el restablecimiento.

Humberto Piedra Herández

¡Hola Martita! Te mando un triple abrazo de cariño, de solidaridad y de fuerza. Basta ver tu sonrisa de siempre en esa foto, para estar seguro de que saldrás adelante y harás de esta dura experiencia que te toca, acopio de sabiduría y de testimonio que servirá de ejemplo a otros. Que Dios te guíe, te guarde y te de todo lo que necesitás para salir adelante. De acá te van nuestras mejores vibras, con el cariño y la admiración de siempre.

Annabelle Echeverría

Marta, un abrazo GRANDE GRANDE y todos mis deseos positivos por tu recuperación. Siempre has sido una campeona y ganadora de mil batallas, estoy segura que esta será otra gran batalla ganada por esa actitud positiva que siempre te ha distinguido.

Rosa Cortés

Hola Marta, no sabía que estabas enferma. Mil abrazos de solidaridad. Siempre has sido una luchadora y vas a volver a tener colochos más lindos que los de antes.

Diana López

Así me gusta, así que adelante y te felicito de tener esa mente tan positiva. ¡un fuerte abrazo!

Carlos Navarrete

Uupsss

María Fernanda Cortés
Ese positivismo es digno de admirar, así es como debe ser. Que Dios te llene de bendiciones. La foto me encanta, salís super expresiva.

Daniel Salas
Todo lo puedo en Cristo que me fortalece. Querida Martita que gusto saber de ti después de 25 años. Que Dios te bendiga y te de fortaleza, tu amigo de siempre, Daniel.

Marta Feigh Nowatzxki
Tus amigos han dicho todo, que estoy pensando.. estoy de acuerdo con todos. Me encanta tu sonrisa brillante, tu cabeza preciosa y la fuerza de tu espíritu.

Susana Valencia
Martita, que linda eres don´t give up!! Abrazotes

Ernesto Evans

Esa sonrisa es la que recuerdo DE SIEMPRE de Marta, como olvidarla si SIGUE SIENDO la misma, Marta, fuerza y fe, sobre todo FE y con la ayuda de Dios, TODO. Un abrazo.

Chayo M: And-m

Es nuestra Demi Moore de Konesh. Un abrazote Martita

Melissa Olivares

Esa es la actitud y está dando resultados. Besototes y abrazos de oso

Mima Santamaría

Lindas palabras de todos, y como hermana siento el mayor de los orgullos. No podía tener hermana mejor. Te quiero entrañablemente y acordate de nuestro pacto porque yo no lo he olvidado y aún no tengo pensado ejecutarlo.

Marta Santamaria

Nuevamente muchísimas gracias a todos por sus emotivas, hermosas, solidarias y cariñosas palabras y mensajes Todos me han llegado al corazón. Estoy luchando con mucha fe en Dios para ganar esta batalla. Los quiero mucho a todos.

Marta Santamaria

Muchísimas gracias por tan lindas palabras. Te escribí en tu muro. Llevo mi cabeza cocolisa como símbolo de lucha y optimismo. Ya vendrán tiempos mejores. Un abrazo cariñoso.

William Méndez Garita

Querida Marta, de pronto vengo enterándome. Marta te pongo en mis oraciones. Un abrazo muy grande.

María González M

Mi niña hermosa, con la bendición de Dios te saludo y te agradezco que me aceptes como una nueva amiga, no importa cómo te veas por fuera (pero te sienta muy bien el look), lo más importante es como te vemos por dentro.

Henry Guillén

Un enorme abrazo. La fuerza de tu corazón y el poder de tu inteligencia guiarán tu camino, y que los ángeles que hemos conocido como aquel gran ser el Padre Molins y tu mamá sean una inspiración para mantener la fortaleza en tu vida. Sigue sonriendo amiga.

Marta Santamaría

Hola a todos y muchísimas gracias de todo corazón por las muestras de cariño, de solidaridad, de optimismo, de fe y esperanza. Créanme que son oro molido para mi alma y mi corazón. Los quiero mucho a todos. Un abrazo y un beso muy cariñoso.

Lilliana Pérez

29 de enero a las 8:29

Marta
Cómo estás?? te veo como siempre radiante
Pero el pelito??
Un abrazo

Hola de nuevo, me da gusto saber de vos!!
espero en Dios que todo salga bien, mi
mamá lo tuvo hace 10 años y pudo superar
todo. Adónde vivís?? me encantaría
saludarte en persona. Cuidate mucho y
espero saber de vos pronto, te mando un
gran abrazo y estás en mis oraciones!!

Marcela Quirós

29 de enero a las 8:46

Que contenta estoy de verte de nuevo aunque sea por Facebook. Te agradezco que me incluyeras entre tus amigos. No sabia que estuvieras enferma rezare por ti, espero que todo vaya muy bien con los médicos y tu paciencia, un beso grande. Marcela

María Graña

29 de enero a las 8:47

Marta!!!! Hoy entre al face y vi tu foto!!! Animo que se puede!!!! No hemos hablado y no sabia pero sabes que aca estoy siempre que necesites!! Dime si quieres que nos veamos para platicar. Mucha fuerza!! Tqm Pues mucha fuerza se puede! Hay que querer vencerlo mira mi mami 6 años ya y pelando cada dia, veras que todo sale bien y pronto estarás libres!!! Animo! Y ya sabes que aunque nos veamos poco aca tienes una amiga, avisame si quieres que nos veamos, sino te llamo la prox semana para platicar. Un beso grandote!

Geraldine Gene

Me alegra mucho que tengas una actitud tan positiva...eso realmente influye muchisisisisimo en las curaciones..... como contaste que leiste un libro recientemente de los secuestrados, vieras que tengo uno bueno de Fernando Araujo... otro secuestrado, lo habia conseguido en colombia y me gustaria mandártelo... dame tu dirección física para mandártelo por correo porfa... bueno, un abrazote... seguí mejorando!!! te quiero muchos.

Fernando González (Zombi)

30 de enero a las 12:27

Marta, te mando un fuerte abrazo, y muchas vibraciones y energía positiva, para q todo salga bien. Mucha suerte, fuerza y ánimo, la mente humana hace milagros!

Melania Blandino

29 de enero a las 11:05

Admiro tu fortaleza, que todo salga bien y toda la energía positiva de mi parte. Un gran abrazo.

Ana Isabel Montero

29 de enero a las 21:19

Hola Marta, si tiene una mente positiva todo te va a salir bien solo piensa que Dios y tu están de la mano y eso es lo que vale, un abrazo.

Martha Erazo

Acabo de ver tu foto y me siento orgullosa de tu fortaleza, eres una súper mujer, mi hermana mayor, mi amiga, animo para adelante! Dios te cuida y vas a salir muy bien! Te mando un besote y un abrazotote, te quiero mucho!! Martha con hache, desde Colombia.

Marta Borge

Te ves linda! Bien Martilla, tu carácter se impone y es el mismo que pronto te va a sacar de ese trance! Diosito se vale de lo que sea para hacernos suyos, sigue adelante mi amiguita!!

Laura Borbón

30 de enero de 15:01

Marta lo único que te puedo decir es que sigas tomada de las manos de Dios. Con FE y optimismo estoy segura que saldrás adelante. Te mando un fuerte abrazo y estas presente en mis oraciones. Que el Señor te llene de Paz y fortaleza. Recordá que "Todo se puede con el Poder de Cristo que nos fortalece.

Lilliana Pérez

30 de enero de 2011 a las 18:06

Gracias, Marta ! Qué lindo que hayás vivido en tanto lugares, debe ser una gran experiencia!!! Has estado trabajando en todos ellos?
Me recuerdo con carño de tu mamá y tu hermana, dónde están??
Te acompañan en estos momentos??
Bueno cuidate mucho
Un gran abrazo

Mi relato es sobre la lucha contra el cáncer de mama de mi hermana.

Publicación de Mima, mi hermana, en Facebook

En diciembre del 2010 mi hermana fue diagnosticada con cáncer de mama. La primera reacción de ambas fue de incredulidad, tristeza y miedo. Inmediatamente después, el pensamiento fue de no dejarse vencer por la enfermedad. El impacto familiar fue devastador, pues es mi hermana menor y además no vive en Costa Rica, vive en México. Mis padres son mayores y para esa generación, cáncer es sinónimo de muerte. El no verla o acompañarla durante el periodo de su tratamiento, cobró un precio muy alto.

Fue una navidad sombría y ni hablar del año nuevo. Mi hermana rompió el 2011 con su primera quimio, que en pocos días la hizo perder el pelo. Se preparó para perderlo, pero lo que la impactó, como meses después comentamos, fue perder el pelo de su cara:

las cejas y las pestañas. Esto le dolió mucho, la maltrató demasiado anímicamente, pero no la hizo desfallecer.

Durante las 10 quimios y 33 radios que tuvo, nos hablamos por teléfono todos los días, pues por diversos motivos, no pude viajar. Un día estaba bien, el otro no tanto, pero durante nuestras conversaciones, el tema principal era el optimismo y la absoluta certeza de que si de algo ella fuera a morir, no sería de cáncer. Vencería la batalla a como diera lugar.

Confieso que en más de una ocasión lloré solitariamente, esperando que las lágrimas me dieran la fortaleza necesaria para seguir apoyándola y alentándola, pues la lucha era ardua y lenta.

Fueron días muy largos, difíciles, duros, pero emblemáticamente, el 19 de octubre se cumplen 2 años de que mi hermana terminó su tratamiento. Aún tiene un camino largo por recorrer, pues debe seguir en controles rigorosos por 3 años más, pero está viva y sus cicatrices son las marcas de las batallas vencidas, pues en una guerra no se puede salir del todo incólume, algún precio hay que pagar. Sin embargo, la guerra está casi ganada.

Les puedo asegurar, el cáncer descubierto a tiempo, con tratamiento adecuado y optimismo, no mata.

Vivian Chacón

21/01/2011

Hola Martita, me alegro tanto de todo te esté saliendo tan bien, yo sabía que así sería, pues sos una de las personas más valientes que conozco y a quien quiero y admiro muchísimo. Estás siempre en mis pensamientos y en mis oraciones. Un gran abrazo.

Te mando estás fotos del recuerdo: HACE YA VEINTICINCO AÑOS de nuestras vacaciones en México, espero poder visitarte en algún momento…..

Marta antes, durante y después del cáncer

Enero 2009

Mayo 2010

Diciembre 2010

Enero 2011

Febrero 2011

Marzo 2011

Abril 2011

Julio 2011

Agosto 2011

Setiembre 2011

Octubre 2011

Noviembre 2011

Enero 2012

Abril 2012

2013

2014

2015

2016

2017

2018

2019

2020

2021

2022

2023

Esencia de Marta a través de sus
sonrisas

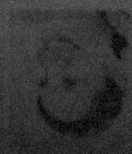

ACERCA DE LA AUTORA

Marta Eugenia Santamaría Marín. Costarricense de nacimiento, mexicana por opción y sonriente por decisión.

Nació en San José Costa Rica el 24 de abril de 1963. Estudió la escuela primaria en la Escuela América ubicada en el edificio metálico[7] en el centro de San José y la secundaria en el Colegio Calasanz de padres escolapios. En el año 1979 se convierte en la primera mujer presidente del gobierno estudiantil, después de 16 generaciones de hombres.

En 1980 entró a la Universidad de Costa Rica y estudió Educación con énfasis en Ciencias. En 1988 inicia la licenciatura en Educación con énfasis en Matemáticas[8] en la

---

[7] Edificio diseñado por la fábrica Aiseau de Bélgica en 1891, terminado de construir en 1896 y declarado patrimonio nacional.

misma universidad. Fue muy activa en la política universitaria y en la política nacional.

En 1984 empezó su incursión formal como maestra de primera encargándosele dar primero y segundo grado en la primaria del Colegio Calasanz, la escuela Bilingüe de Cartago y la escuela José Ana Marín en Coronado.

En 1988 estudió, con el creador del lenguaje de computación Logo, Seymour Papert y su equipo conocido como Media Lab's Epistemology and Learning Group[9] en el Media Lab de MIT[10] logrando cambiar radicalmente la historia de Costa Rica. Se convirtió en una de los "doce apóstoles" nombre coloquial para referirse a las 12 personas pioneras en la formación y enseñanza de la informática educativa en Costa Rica.

---

[8] En Costa Rica una licenciatura es un título universitario superior al bachillerato universitario y es considerado como una maestría, por la cantidad de cursos y tesis requeridos para graduarse.

[9] Marilyn Schaffer, Mitch Resnick y Fred Martin

[10] MIT Massachusetts Institute of Technology

Fue Tutora fundadora del Programa de Informática Educativa de la Fundación Omar Dengo y se encargó de capacitar y dar seguimiento, en el primer año, a más de 200 maestros y 6,000 niños de las escuelas más grandes a lo largo y ancho del territorio costarricense.

Durante la tarde, las noches y los fines de semana continuó cursando las materias del bachillerato y la licenciatura. Fue asistente de las materias de Matemáticas de la Carrera de Educación Primaria en la Facultad de Educación de la Universidad de Costa Rica mientras era Profesora de Español en el Calasanz Nocturno.

En 1992 obtuvo la Maestría en Educación con énfasis en Informática Educativa y se convierte en Profesora de Informática Educativa de la Universidad Latina, Asesora del Ministro de Educación Pública de Costa Rica y Asistente de la Maestría de Informática Educativa de la Universidad de Hartford en los veranos.

Se fue a vivir 5 años a San Francisco, California para acompañar al esposo en su doctorado. Se divorció a principios del año 2,000 y se fue a vivir a Loxahatchee, Florida. Siete meses después se fue a vivir a Medellín, Colombia y se convirtió en consultora de Gestión del Cambio de la empresa Cambridge Technology Partners y desarrolla, junto con el equipo de comunicación de Empresas Públicas de Medellín el modelo de gestión del cambio basado en comunicación, sensibilización y capacitación.

Trabajó y vivió 3 años en Medellín y se regresó a Estados Unidos. Durante su vida en Medellín conoció a Héctor Gutiérrez y en el año 2004 decidió venirse a vivir al puerto de Veracruz, México y trabajar como directora del ICCE, institución adscrita a la Universidad Cristóbal Colón (UCC). Dos años después se vino a vivir con Héctor a la Ciudad de México y trabajó como directora del proyecto SIMED del ILCE, construyendo contenidos e-Learning.

En el 2005 renunció al SIMED y empezó a apoyar a Héctor con las actividades de la empresa donde trabajaba. En el año 2006 empieza a trabajar formalmente con Héctor y empiezan Konesh Soluciones. A partir de esa fecha se convirtió en la Directora de Bienestar y Responsable de la práctica de Gestión del Cambio de todos los proyectos que se desarrollan en Konesh Soluciones.

Marta es la responsable del bienestar de todos los colaboradores de Konesh Soluciones, de sus familias y de los clientes. Encargada de crear y coordinar el trabajo en las áreas de Gestión del Cambio, Gestión Humana y Calidad en el servicio de Konesh Soluciones. Con vasta experiencia en trabajo con el desarrollo de las capacidades organizacionales: en Administración del Cambio, Manejo de Conflictos, Liderazgo y Dirección, Habilidades del pensamiento y Construcción del Conocimiento.

Después de muchos diagnósticos y tratamientos para tener hijos, quedó embarazada en el año 2009. Cuatro meses después perdió su bebé. En noviembre del 2010 fue diagnosticada con cáncer de mama en el seno izquierdo.

Desde el 2018 es Miembro del Consejo Directivo de Mexico Breast Center, centro integral que dirige el doctor Gerardo Castorena.

En el año 2022 obtuvo el Pakal de Oro, el Doctorado Honoris Causa y el premio México en tus manos. A principios de ese mismo año se crea el Premio Latinoamericano de Poesía llamado Marta Eugenia Santamaría Marín 2022 para mujeres poetas.

Mujer luchadora, tenaz, aguerrida y amante de la vida que ha sobrevivido tres veces al cáncer: dos de mama y uno de tiroides. Tiene 20 cirugías producto del cáncer, las reconstrucciones y los efectos secundarios de las quimioterapias y los medicamentos que toma.

I Premio Latinoamericano de Poesía

MARTA EUGENIA
SANTAMARÍA MARÍN

2022

ÍNDICE

Cáncer de mama: no de alma

Prólogo · 15

Cuando menos te lo esperas · 25

Tiempos felices · 31

Primeros síntomas · 35

Diagnóstico · 39

Inicio de la travesía · 55

Primera cirugía
y primera quimioterapia · 65

Segunda quimioterapia · 81

Tercera quimioterapia · 91

Cuarta quimioterapia · 99

Segunda cirugía · 107

Seis sesiones de quimioterapia · 127

Radioterapia · 137

Parálisis facial · 147

Tercera cirugía · 155

Cuarta cirugía · 159

Siguientes cirugías de mama · 171

Cirugías no de mama · 181

Sospecha de
cáncer de mama derecha · 219

Cirugía de útero y de tiroides · 241

Reconocimiento al equipo médico,
a mis compañeros, familia y amigos · 255

Sobreviviente y mejor persona · 267

Anexos

Algunos correos electrónicos
enviados por mí · 277

Correos electrónicos,
mensajes de Facebook y WhatsApp
de familia y amigos · 289

Marta antes,
durante y después del cáncer · 319

Marta a través de sus sonrisas · 323

Acerca de la autora · 327

Nueva York Poetry Press

Nuevas
COLECCIONES

DESARTICULACIONES
Otros discursos
Homage to Silvia Molloy (Argentina)

INCENDIARIO
Ficción
Homage to Beatriz Guido (Argentina)

SUR
Ensayo
Homage to Victoria Ocampo (Argentina)

TEJER LA RONDA
Literatura infantil
Homage to Gabriela Mistral (Chile)

COLECCIONES
Poesía

CUARTEL
Premios de poesía
Homenaje a Clemencia Tariffa (Colombia)

CRUZANDO EL AGUA
Poesía traducida al español
Homenaje a Sylvia Plath (Estados Unidos)

INTO MY GARDEN
English Poetry
Homage to Emily Dickinson (United States)

LABIOS EN LLAMAS
Opera prima
Homenaje a Lydia Dávila (Ecuador)

MEMORIA DE LA FIEBRE
Poesía feminista
Homenaje a Carilda Oliver Labra (Cuba)

MUSEO SALVAJE
Poesía latinoamericana
Homenaje a Olga Orozco (Argentina)

PARED CONTIGUA
Poesía española
Homenaje a María Victoria Atencia (España)

REINO DEL REVÉS
Poesía infantil
Homenaje a María Elena Walsh (Argentina)

SOBREVIVO
Poesía social
Homenaje a Claribel Alegría (Nicaragua)

TRÁNSITO DE FUEGO
Poesía centroamericana y mexicana
Homenaje a Eunice Odio (Costa Rica)

www.ingramcontent.com/pod-product-compliance
Lightning Source LLC
LaVergne TN
LVHW090046090426
835511LV00032B/553